En rumbo 3

Los tiempos cambian

El arte al alcance de todos

L140 course team

Core course team

Tita Beaven (course team member)
Vivien Bjorck (course team secretary)
Dorothy Calderwood (course manager)
Cecilia Garrido (course team chair)
Enilce Northcote-Rojas (course team secretary)
Ane Ortega (course team member)
Liz Rabone (editor)
Cristina Ros i Solé (book co-ordinator)
Sean Scrivener (editor)
Mike Truman (course team member)

Production team

Ann Carter (print buying controller)
Jonathan Davies (design group co-ordinator)
Jane Duffield (project controller)
Rachel Fryer (project controller)
Janis Gilbert (graphic artist)
Pam Higgins (designer)
Jane Lea (picture researcher)
Siân Lewis (designer)
Jo Parker (liaison librarian)
Dave Richings (print buying co-ordinator)

BBC production team

Jacqui Charlston (production assistant)
Luis España (video producer)
Dalia Ventura (audio producer)
Penny Vine (video and audio producer)

Consultant authors

Carmen Domínguez
Mike Garrido (Pronunciation Practice Booklet)
Cathy Holden
Jesús Rodero
María Rodríguez
Juan Trigo (Audio Drama)

Syllabus advisor

Dr Anne Ife, Anglia Polytechnic University

External assessor

Dr Rob Rix, Trinity and All Saints, Leeds

The course team would like to thank all the people of Barcelona, Galicia, Mexico and Peru who contributed to *En rumbo*. Thanks also go to critical readers, to those who tested the materials and to Dr Robin Goodfellow. Special thanks go to Hélène Mulphin.

Published in 1999 by Routledge; written and produced by The Open University.

ISBN 0 415 20326 0

Edited, designed and typeset by The Open University.

Printed and bound in the United Kingdom by Alden, Oxford and Northampton.

L140ERbk3i1.1

What is 'En rumbo'?

En rumbo is a Spanish course for adult learners studying the language without the support of a classroom teacher. It is aimed at students with a knowledge of Spanish equivalent to GCSE or 'O' level, acquired in a variety of ways ranging from conventional study to informal exposure to the language. The course provides you with an opportunity to develop your listening, reading, writing and speaking skills through exposure to formal and informal authentic Spanish and activities that will gradually help you to achieve a higher level of competence in the language.

World Spanish

Spanish is the most widely spoken of the Romance languages, with an estimated 400 million native speakers. It is spoken in mainland Spain, the Canary and Balearic Islands, and the two Spanish possessions in north Africa, Ceuta and Melilla. It is also spoken in nineteen countries in the Americas and is the official language of Equatorial Guinea, a Spanish possession until 1968. There is a large and growing Spanish-speaking population in the USA, plus significant minorities in Morocco, Western Sahara, the Philippines, the Balkan countries and Israel.

Spanish exhibits a number of dialectal varieties both in Spain and Spanish America, but for practical purposes we will refer to 'Castilian' and 'non-Castilian' Spanish; the latter comprises not only all the American Spanish varieties, but also some within Spain itself.

The most important differences between Castilian and non-Castilian Spanish are in pronunciation, the most striking being *seseo*, i.e. the pronunciation among non-Castilian speakers of the 'c' in 'ce', 'ci' and the 'z' as the 's' of English 'stop', rather than the 'th' sound as in the English 'theatre'. One difference in grammar is that *ustedes* is used instead of *vosotros* in Spanish America. There are also differences in vocabulary, as one would expect in a language spoken in so many different places. However, Spanish speakers around the world do not find it difficult to understand each other.

Book structure

Each book consists of two parts, each of which is divided into four *unidades*. Each of the first three *unidades* has a theme around which the language content is developed. The fourth *unidad* of each part is dedicated to revision and also contains comprehensive grammar and vocabulary summaries. Each *unidad* is divided into study sessions of two to two and a half hours each, which contain clear explanations of the language covered, a variety of examples, a wide range of *actividades* to practise the language, study tips to help you learn the language more effectively and a number of features aimed at introducing variety and making learning more enjoyable. Clear instructions, in both English and Spanish, will guide you through the various *actividades*, topics and features. Answers to the *actividades*, together with extensive explanations, are contained in the *Clave*. In *Atando cabos* we look at the language covered and summarize it for clearer understanding and easier recall. *¿Sabía Ud. que...?* and *Hispanoamérica* contain interesting and curious facts about the language, culture and history of the Spanish-speaking people. *Del dicho al hecho* suggests activities that will allow you to transfer what you learn to other contexts or which will enhance your knowledge of Spanish and the Spanish-speaking cultures. You will be asked to keep a file, or *Diario*, where you can record notes about vocabulary, grammar, pronunciation, your impressions of a particular topic, ease or difficulty of learning and comments about your progress, all of which will prove useful for revision.

Audio-visual materials

Each book is accompanied by the following audio-visual materials: a video cassette (*vídeo*), an Activities Cassette (*Cinta de actividades*), an Audio Drama Cassette (*Cinta del radiodrama*) and a Pronunciation Practice Cassette (*Cinta de pronunciación*) with accompanying booklet (*Cuadernillo de pronunciación*). A Transcript Booklet (*Cuadernillo de transcripciones*) contains transcripts of the video, Activities Cassette and Audio Drama Cassette.

The video has interviews with Spanish-speaking people in locations in Spain and Spanish America. The Activities Cassette has activities to help you develop your listening and speaking skills. The Audio Drama, *Un embarazo muy embarazoso*, is a 'comedy of errors' in which the grammatical structures and vocabulary taught are used in a quasi-authentic context.

The Pronunciation Practice Cassette and Pronunciation Practice Booklet contain clear explanations about Spanish sounds, stress, rhythm and intonation, together with exercises.

Additional resources

The book makes frequent reference to the Spanish Grammar, the dictionary, and the Study Guide which are respectively *The Oxford Spanish Grammar* by John Butt, *The Oxford Spanish Dictionary* and the Open University's *The Language Learner's Good Study Guide,* all reference publications which will help you to make the most of your learning.

The following icons are used in the book:

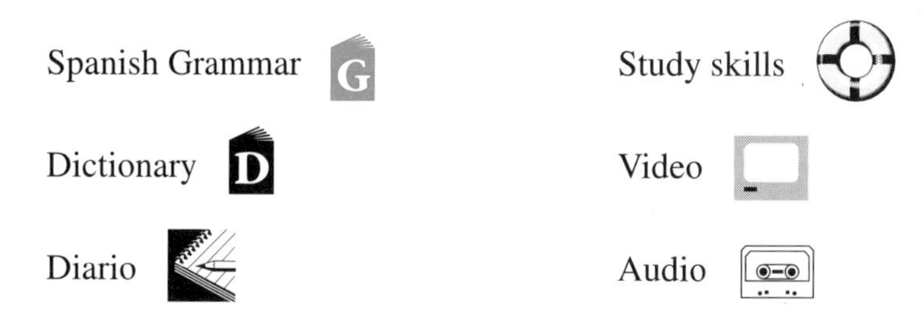

Índice ~ Los tiempos cambian

Índice ~
El arte al alcance de todos

Los tiempos cambian ~

This book is made up of two parts. *Los tiempos cambian*, the first part, is about changes in Spain and Spanish America over the last few decades in commerce, industry and society.

In the first *unidad*, *Los viejos tiempos*, you will visit two fishing ports, one in Peru and one in Galicia. You will find out how the fishing industry worked in the past and works in the present and look at other old trades and new professions.

The second *unidad*, *De ayer a hoy*, concentrates on descriptions of people and places in the past.

In *unidad 3*, *¡Cómo están las cosas!*, you will come across opinions on different issues such as minority languages, women at work and how some Spanish-speaking countries have changed. You will also work with the fifth episode of the Audio Drama, *La gran noticia*.

Finally, the fourth *unidad*, *Repaso*, revises and consolidates the work done in the previous three.

As this is the third book of *En rumbo*, we are now giving you the first, detailed instructions in Spanish.

Unidad 1 *Los viejos tiempos*

Spain has undergone many changes in recent decades, in industry, in commerce and in politics. In this *unidad* you will see how practices have changed in the fishing industry in a small seaport in Galicia and in Lima. You will also see what the life of a well-known Spanish politician used to be like and how some professions have changed in the last decades. You will learn how to talk about habitual and repeated actions in the past and practise comparing actions and things in the past with those in the present. You are going to learn basic vocabulary relating to the fishing industry, trade and occupations.

Learning Objectives

By the end of this *unidad* you should be able to:

- Talk about things people used to do;
- Compare actions in the past with those in the present;
- Describe people's occupations and use basic vocabulary relating to trade and occupations.

Key Learning Points

Sesión 1

- Revising numbers and dates.
- Talking about things people did regularly.

Sesión 2

- Comparing actions in the past with those in the present.
- Expressions of time commonly used to contrast the past with the present.
- Describing changes in your own life.

Sesión 3

- Talking about how things have changed and evolved.
- Using expressions of time associated with the perfect tense.

Study chart

Activity	Timing (minutes)	Learning point	Materials
		Sesión 1 *¿Cómo eran las cosas antes?*	
1.1	35	How things used to be in the fishing industry in Galicia	Video, Spanish Grammar
1.2	30	Reading large numbers	Study Guide
1.3	40	Talking about things people did regularly in the past	
1.4	20	Writing about your own past	
		Sesión 2 *Oficios de antaño y nuevas profesiones*	
1.5	20	*Los arrieros*: an occupation from the past	Activities Cassette
1.6	30	Comparing the past with the present	
1.7	20	Contrasting the past and the present orally	Activities Cassette
1.8	40	Talking about changes in your own life	
	20	**Pronunciation**: the letter 'l'	Pronunciation Practice Cassette and Booklet
		Sesión 3 *¡Cómo han cambiado las cosas!*	
1.9	50	Using the perfect tense to talk about evolution and change	Video, Spanish Grammar
1.10	20	*Acrósticos*: revising vocabulary	
	20	**Pronunciation**: stress in words like *década* and *económico*	Pronunciation Practice Cassette and Booklet

Sesión 1 ¿Cómo eran las cosas antes?

In this *sesión* you are going to practise talking about what people used to do and learn basic vocabulary about the fishing industry. You will watch a video sequence filmed in the seaport of Ribeira in Galicia. You will also read about the fishing industry and about the life of Spanish politician José María Aznar.

Actividad 1.1

In this video sequence you are going to hear a fisherman from Ribeira talking about the fishing industry in Galicia.

1 Antes de ver la secuencia de vídeo, escriba en español los términos equivalentes a los que aparecen en la lista siguiente:

Before watching the video sequence, write the Spanish equivalents of the following English terms:

seaport
fishing
economic activities
fish
to export
market
agriculture
source of wealth
traditional fishing
land
seafood

percebe goose barnacle
cangrejo crab

2 Vea la secuencia de vídeo (00:49:15–00:51:27) donde se habla de la actividad pesquera en Galicia hoy en día y en el pasado. Responda a las siguientes preguntas:

Watch the video sequence (00:49:15–00:51:27) about fishing in Galicia today and in the past. Answer the following questions:

(a) ¿Qué se hace con el pescado que llega cada mañana al puerto de Ribeira?

(b) Tradicionalmente, ¿a qué se dedicaban los hombres?

(c) Y las mujeres, ¿qué hacían?

(d) ¿Qué hacen hoy en día las mujeres?

(e) ¿Estaba bien considerado el marisco antes?

(f) Y ahora, ¿está bien considerado?

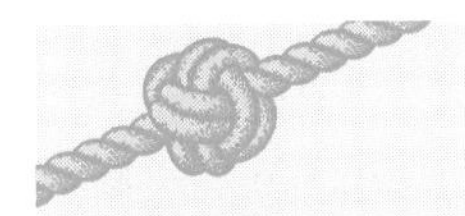

Atando cabos

Uses of the imperfect tense

The speaker in the video uses the imperfect tense to refer to events and descriptions in the past. As you may remember, two of the main uses of this tense are:

1 To talk about habits and things which happened repeatedly:

Tradicionalmente, en Galicia, los hombres se **dedicaban** a la pesca.

Las mujeres **trabajaban** la tierra.

2 To describe physical, mental and emotional states in the past:

Aquella gente de antes **era** gente muy luchadora.

Era gente muy prendida a la tierra.

Estaba muy cansado.

Tenía los ojos verdes.

You might find it useful to revise its forms:

	Trabajar	Beber	Vivir
Yo	trabajaba	bebía	vivía
Tú	trabajabas	bebías	vivías
Él, ella; Ud.	trabajaba	bebía	vivía
Nosotros, -as	trabajábamos	bebíamos	vivíamos
Vosotros, -as	trabajabais	bebíais	vivíais
Ellos, ellas; Uds.	trabajaban	bebían	vivían

The vowel change in radical changing verbs does not apply in the imperfect tense. Only three verbs are irregular in the imperfect: *ir*, *ser* and *ver*:

ir: iba, ibas, iba, íbamos, ibais, iban

ser: era, eras, era, éramos, erais, eran

ver: veía, veías, veía, veíamos, veíais, veían

G In this *unidad* we will concentrate on the use of the imperfect tense to talk about habitual actions in the past. You will be working with the use of this tense for descriptions in *unidad* 2. A more extensive explanation of the uses of the imperfect tense is on pages 7–9 of the Spanish Grammar.

3 Complete el siguiente resumen de la secuencia de vídeo con la forma apropiada del verbo:

Fill in the gaps in the following extract with the appropriate form of the verb:

> La pesca en Galicia siempre fue en un principio bastante artesanal y entonces eso se ...... con la agricultura, ... un trabajo del hombre, por ejemplo, que ...... en la pesca artesanal y la mujer ...... las tierras. Tradicionalmente, en Galicia, los hombres se ...... a la pesca y las mujeres ...... la tierra.

4 Ahora, piense en cuál era la principal actividad económica en su ciudad o pueblo cuando usted era más joven y escriba un párrafo (de unas 80 palabras) describiendo cómo eran las cosas entonces. Aquí tiene una lista de vocabulario que puede serle útil y unas preguntas para que le sirvan de guía.

Now think of the main economic activity in your own city or town when you were younger and write a paragraph (about 80 words) describing what life used to be like. Here are some useful words and some questions you can use as a guide.

comercio, industria del metal, minería, principalmente, fábrica, industria del automóvil, servicios, sobre todo, productos, industria de manufacturas, agricultura, en general, trabajar, vender, comprar, exportar, ser, hacer, haber

¿Cuál era la actividad económica principal?

¿Qué otra(s) actividad(es) había?

¿Qué productos se fabricaban?

¿Dónde se vendían / exportaban los productos?

¿Qué tipo de trabajo hacían los hombres? ¿Y las mujeres?

¿En qué trabajaba su padre? ¿Y su madre?

Actividad 1.2

In this activity you are going to work with a chart containing statistics about the Spanish fishing fleet.

Before starting it may be useful to read the section on reading strategies in the Study Guide (pp. 23–4). Try to guess the meaning of words you don't know either by the context or by their similarity to English. For example *banco pesquero* appears as a heading followed by some names of countries, so you can deduce that it refers to different fishing grounds.

1 Lea la información de los recuadros y responda en voz alta a las siguientes preguntas. Haga oraciones completas concentrándose en dar la cifra anotada correctamente.

Answer out loud the following questions about the information contained in the charts. Answer with complete sentences, concentrating on giving the figures correctly.

(a) ¿Cuánto pescado se consume en España por persona al año?

(b) ¿Cuánto pescado se exporta al extranjero?

(c) ¿Cuántas personas trabajan en el sector pesquero español en total?

(d) ¿Qué porcentaje del Producto Interior Bruto español representa el sector pesquero?

(e) ¿Cuántos barcos se dedican a la pesca del bacalao?

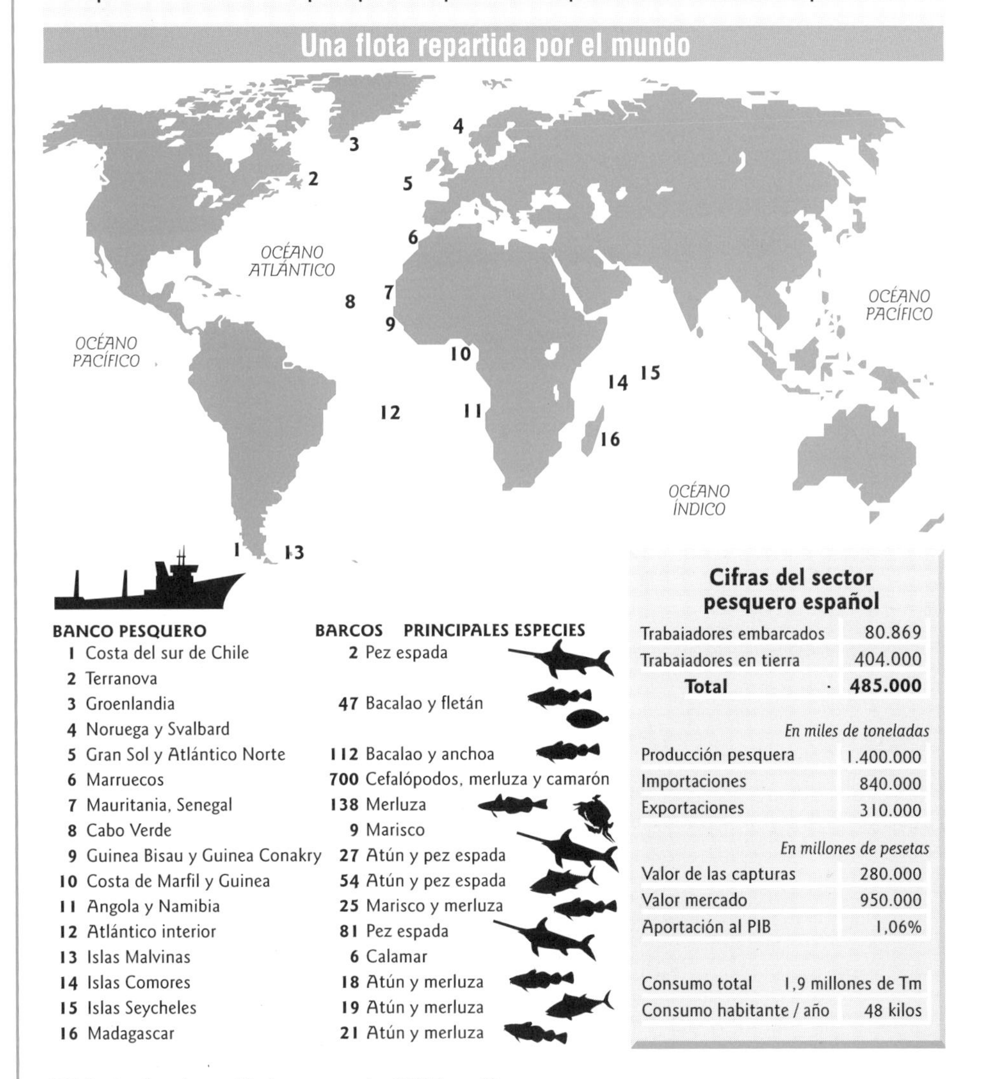

BANCO PESQUERO	BARCOS	PRINCIPALES ESPECIES
1 Costa del sur de Chile	2	Pez espada
2 Terranova		
3 Groenlandia	47	Bacalao y fletán
4 Noruega y Svalbard		
5 Gran Sol y Atlántico Norte	112	Bacalao y anchoa
6 Marruecos	700	Cefalópodos, merluza y camarón
7 Mauritania, Senegal	138	Merluza
8 Cabo Verde	9	Marisco
9 Guinea Bisau y Guinea Conakry	27	Atún y pez espada
10 Costa de Marfil y Guinea	54	Atún y pez espada
11 Angola y Namibia	25	Marisco y merluza
12 Atlántico interior	81	Pez espada
13 Islas Malvinas	6	Calamar
14 Islas Comores	18	Atún y merluza
15 Islas Seycheles	19	Atún y merluza
16 Madagascar	21	Atún y merluza

Cifras del sector pesquero español

Trabajadores embarcados	80.869
Trabajadores en tierra	404.000
Total	**485.000**
En miles de toneladas	
Producción pesquera	1.400.000
Importaciones	840.000
Exportaciones	310.000
En millones de pesetas	
Valor de las capturas	280.000
Valor mercado	950.000
Aportación al PIB	1,06%
Consumo total	1,9 millones de Tm
Consumo habitante / año	48 kilos

trabajadores embarcados workers on board ship
trabajadores en tierra onshore workers
valor de las capturas value of the catch
aportación al PIB (Producto Interior Bruto) contribution to GDP (Gross Domestic Product)

(*El País*, domingo 19 de marzo de 1995, p. 3)

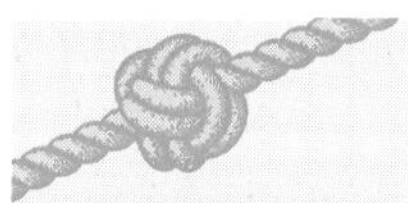

Atando cabos

How to read numbers over a thousand

When you read numbers over a thousand, remember that in Spanish a full point, not a comma, is used to separate thousands from hundreds, for example:

18.890 = dieciocho mil ochocientos noventa

Percentages are read as follows:

7% = siete por ciento

7,5% = siete coma cinco por ciento

7,05% = siete coma cero cinco por ciento

You might also hear some Latin American speakers use *siete punto cinco por ciento*.

2 Ahora, lea en voz alta el recuadro titulado *Cifras del sector pesquero español* en la página 13. Concéntrese en pronunciar las cifras correctamente.

Read the table on page 13 entitled Cifras del sector pesquero español *aloud. Concentrate on pronouncing the figures correctly.*

3 Ahora mire la lista de especies de pescado que aparecen en el recuadro y escriba equivalentes en español de los siguientes términos ingleses. Si lo desea, escríbalos en su Diario.

Now look at the chart with the species of fish and give the Spanish equivalents of the following English terms. You may want to record these words in your Diario.

cod squid tuna swordfish hake anchovy

Sabía Ud. que...

España es el segundo consumidor de pescado del mundo después de Japón. La cocina española, sobre todo en Galicia, el País Vasco y Cataluña, se caracteriza por el gran número de platos de pescado que existen, entre ellos: esqueixada, calamares rellenos, bacalao a la vizcaína, bacalao al pil-pil, calamares en su tinta, pulpo a la gallega, merluza en salsa verde, bonito a la plancha.

Si tiene amigos vascos, gallegos o catalanes, pregúnteles cómo se prepara alguno de estos platos o pruébelos la próxima vez que vaya a España. ¡Son exquisitos!

Actividad 1.3

In the video sequence you watched, you heard what life used to be like in a Galician fishing village. You also wrote about what life used to be like where you grew up. Now here are some personalities from Spanish political life past and present.

1 Mire los nombres de estos españoles famosos y trate de identificarlos. Explique en un par de oraciones en inglés, qué papel jugaron en la reciente historia de España.

Look at the names of these Spanish public figures and explain in a couple of sentences in English their role in recent Spanish history.

(a) Francisco Franco
(b) Juan Carlos I
(c) Adolfo Suárez
(d) Felipe González

2 Lea el siguiente artículo sobre José María Aznar, líder de Alianza Popular y Presidente del Gobierno desde 1996. Marque si las afirmaciones en la página siguiente son verdaderas o falsas. Transforme las falsas para que reflejen lo que se dice en el texto.

*Read the following article about José María Aznar, leader of the conservative party (*Alianza Popular*) and Prime Minister since 1996. Say whether the statements on page 16 are true or false. Correct the false sentences so that they reflect what is said in the text.*

DÓNDE ESTABAN EL 20–N

JOSÉ MARÍA AZNAR

Para José María Aznar, aquél fue un tiempo de enamoramiento y de ilusión. [...] Con la licenciatura en Derecho fresca bajo el brazo, su preocupación – y la de Ana Botella, pues el futuro de ambos ya aparecía indisolublemente unido – pasaba prioritariamente por asegurarse el sustento profesional de por vida. Querían casarse cuanto antes y resultaba imprescindible resolver la supervivencia. Y para ello nada mejor que hacerse los dos funcionarios. [...]

Aznar recuerda que se pasaba todo el día estudiando los temas de la oposición: « Estudiaba diecinueve horas diarias. Todos los días eran iguales. Por las mañanas me encerraba en la buhardilla a estudiar hasta las dos y cuarto. A esa hora, antes de comer, dormía tres cuartos de hora. [...] comía y seguía estudiando hasta bien entrada la noche. En ese momento, hacía un receso para ir a ver a Ana ». Su novia hacía lo propio en su casa con los temas de la Administración Civil. Las inquietudes políticas del joven Aznar se limitaban como mucho a votar a la UCD. Por su lado, Ana ya se identificaba más con Alianza Popular. Sin embargo, a Aznar siempre le preocupaba ya el equilibrio y el concepto de España. [...] Las oposiciones de Ana Botella se convocaron antes que las de Aznar. Ana las aprobó y el primer sueldo de la pareja fue de la mujer. A los pocos meses se casaron. [...] Mientras Aznar ultimaba la preparación de sus oposiciones siempre esperaba a su mujer con la mesa puesta [...]. Al aprobar las oposiciones tuvieron que cambiar su residencia a Logroño. Poco tiempo después, la política llamaba a su puerta. Alianza Popular recibía a uno de sus jóvenes *cachorros*.

(*Tiempo*, 25 de noviembre de 1996)

20–N: 20 de noviembre de 1975
It is very common in Spain to refer to significant dates in the country's political and social life by simply giving the date and the initial of the month. 20 November 1975 is the date of Franco's death.

licenciatura
university degree equivalent to a first degree

funcionario
civil servant

oposiciones
examination to gain access to a public post

UCD: Unión de Centro Democrático
political party in power from 1977 to 1982

Alianza Popular
right wing party, later refounded as PP (*Partido Popular*)

receso
break

	Verdadero	Falso
(a) En 1975 J.M. Aznar quería convertirse en funcionario y casarse con Ana Botella.	❑	❑
(b) Aznar estudiaba dos horas y cuarto todos los días.	❑	❑
(c) Antes de comer, dormía 45 minutos.	❑	❑
(d) Aznar tenía muchas inquietudes políticas por aquel entonces.	❑	❑
(e) Mientras preparaba las oposiciones, Aznar también hacía las tareas del hogar.	❑	❑

3 Ahora vuelva a leer el texto, señale todos los verbos en el imperfecto e indique qué uso del imperfecto ilustra cada uno.

Read the text again and tick all the verbs in the imperfect tense. Indicate what use of the imperfect tense it is.

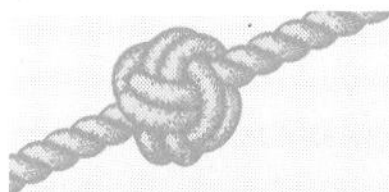

Atando cabos

Talking about things you did regularly in the past using 'soler' and 'acostumbrar'

You probably already know the verbs *soler* and *acostumbrar*. They are used in the simple present tense to talk about things you do regularly. They can also be used in the imperfect to talk about things you did regularly in the past. Both verbs are regular in the imperfect. Remember that *soler* is followed by an infinitive and *acostumbrar* is followed by the preposition *a* and an infinitive.

Aznar **solía** pasar todo el día estudiando.

Aznar **acostumbraba a** pasar todo el día estudiando.

Note that in Spanish America, *acostumbrar* is not followed by *a*.

4 Ahora, reescriba el segundo párrafo del texto sobre J. M. Aznar usando 'soler' y 'acostumbrar'.

Now, rewrite the second paragraph of the text on J. M. Aznar using soler *and* acostumbrar.

Ejemplo

Aznar estudiaba diecinueve horas diarias:

Aznar **solía** estudiar diecinueve horas diarias. / Aznar **acostumbraba a** estudiar diecinueve horas diarias.

5 Hay varios adverbios y expresiones de frecuencia que se usan a menudo cuando hablamos de acciones habituales, ya sea en el presente o en el pasado. Usted ya conoce la mayoría de ellos. ¿Cuántas de estas expresiones del recuadro aparecen en el texto?

You already know many adverbs and expressions of frequency used to talk about things you do or did regularly. How many of those in the box can you spot in the text?

> normalmente, con frecuencia, siempre, frecuentemente,
> todos los meses, una vez por semana, todos los días,
> de vez en cuando, por las tardes, habitualmente, por las mañanas,
> cuando era niño, de joven, todos los domingos, todos los veranos

Actividad 1.4

Escriba una redacción breve (alrededor de 100 palabras) contando lo que solía hacer en su infancia. Además del imperfecto, es importante usar expresiones de frecuencia (de la lista anterior o similares) así como 'soler' y 'acostumbrar'.

Write a brief account of what you used to do on a typical day when you were a child. Make sure that you use the imperfect tense and expressions of frequency such as those from the box above as well as soler *and* acostumbrar.

Sesión 2 Oficios de antaño y nuevas profesiones

In this *sesión* you are going to listen to an audio extract on traditional occupations in Galicia and you will read about how different professions have changed in the last decades. You will also have the opportunity to practise your speaking skills by talking about changes in a profession you know.

Actividad 1.5

You are going to listen to an audio extract telling how trades and occupations have changed in Galicia.

1 Antes de escuchar, piense en los oficios y profesiones que existían antes y que ahora no existen o se han quedado anticuados. Escríbalos en inglés.

Before you listen, think about the occupations and trades there used to be when you were a child which do not exist any more or have gone out of fashion. List them in English.

2 Ahora, escuche el Extracto 1 en la Cinta de actividades una vez para familiarizarse con su contenido. ¿Existen todavía los arrieros?

Now listen to Extract 1 on the Activities Cassette and get the gist of it. Do arrieros *still exist?*

3 Así era el oficio de los arrieros, pero las cosas están cambiando. Escuche una vez más el Extracto 1 y responda a las siguientes preguntas:

You've heard what the arrieros' *trade used to be like, but things are changing. Listen to Extract 1 once more and answer the questions below:*

(a) ¿Qué es lo que acabó con los arrieros?

(b) ¿Cuál es la actitud del hablante hacia estos cambios?

(c) ¿En qué nota usted esa actitud?

Sabía Ud. que...

Galicia, al igual que Irlanda, Gales y Escocia, estuvo poblada por los celtas antes de la llegada de los romanos. Aunque en Galicia no han quedado restos de ninguna lengua celta, sí se conservan todavía antiguas creencias, tradiciones y numerosos restos arqueológicos. Todavía hoy en día se pueden encontrar en las zonas rurales de Galicia antiguas cruces celtas y los tradicionales hórreos, construcciones de madera sostenidas por cuatro pilares, que se usaban y aún hoy se susan como graneros.

Un hórreo

Actividad 1.6

Other occupations, though they have not disappeared, have changed as time has gone by. In this *actividad* you are going to read a newspaper article on how things used to be before and how they are now for a *quiosquero* (newspaper vendor).

1 Antes de leer el artículo, mire la fotografía de un quiosco. Haga una lista en español de las palabras que espera encontrar en el texto. Luego lea el texto y compare su lista con el vocabulario del texto. ¿Cuántas palabras ha adivinado? Compruébelo en la Clave y busque en su diccionario las palabras que no entienda.

Before reading the text opposite, look at the photo of a newspaper kiosk. Make a list in Spanish of words you expect to find in the text. Then read the text and compare your list with the vocabulary in it. How many words did you guess? Check the Clave *and look in your dictionary for those words you do not understand.*

Un quiosco en Barcelona

EL QUIOSQUERO

Juan Jiménez, 44 años

Juan Jiménez nació en Luque (Córdoba) y lleva 29 años en un quiosco de prensa. [...] En esa treintena de años, el oficio ha cambiado mucho. 'Antes, por ejemplo, estaba la censura. Vendíamos más prensa extranjera. Muchos españoles querían leer en ella lo que no podían encontrar en los diarios españoles. Ahora sólo hay clientes fijos para determinadas cabeceras..., y los turistas.' La censura, además, le traía una tarea añadida. De cuando en cuando llegaba la policía y le obligaba a retirar una revista o [...] quitar unas determinadas páginas si quería seguir vendiéndola. [...] Cuando llegaba la policía, retiraba la revista, pero siempre había ejemplares en la retaguardia para los clientes conocidos. [...]

Las cosas ahora son muy distintas. Si algo advierte sobremanera es que muchos jóvenes no se acercan a la prensa – 'incluso ni a las revistas de comics, lo que aguanta son las de coches'– y que se notan menos las grandes noticias. [...] En la montaña de 2.000 artículos de su quiosco hay productos insólitos 10 años atrás. Por ejemplo, las revistas porno – 'de capa caída'–, los fascículos y las colecciones de vídeos.

de capa caída
(are) now less popular (figurative)

(*El País semanal*, 4 de julio de 1993, no. 124)

Sabía Ud. que...

censura
censorship

Durante la dictadura del General Francisco Franco (de 1939 a 1975) existía la censura en España. Como se explica en el texto, los periódicos y revistas no podían publicar lo que querían y muchas veces la policía los confiscaba. Cualquier información considerada 'peligrosa' por el Gobierno era automáticamente censurada. El cine y los libros estaban sometidos al mismo tipo de control. La censura desapareció a partir de 1975, con la llegada de la democracia.

2 En el texto, Juan Jiménez habla de cómo han cambiado las cosas en su trabajo: cómo eran antes y cómo son ahora. Complete el siguiente cuadro con la información del texto.

In the text, Juan Jiménez gives an account of what things used to be like and what they are like now. Fill in the following table with the information from the text.

Antes	Ahora
Vendíamos más prensa extranjera	Sólo hay clientes fijos para determinadas cabeceras

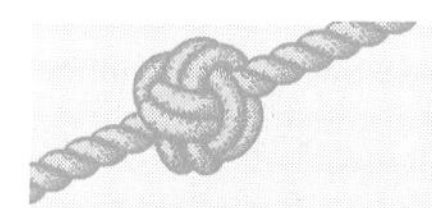

Atando cabos

Expressions of time to contrast past and present

You can use a variety of expressions of time when you compare what things used to be like with what they are like now.

Antes	Ahora
(por) entonces en esa/aquella época en esos/aquellos tiempos hace 5, 10, 20 años, meses, semanas en los años 50, 60, 70 antiguamente	hoy hoy en día en estos momentos en la actualidad actualmente en el (momento) presente en nuestros días

Here are some examples:

> **Entonces** los españoles no teníamos libertad de expresión; **hoy en día** hay mucha más libertad.
>
> **En aquella época** existía la censura; **ahora** las publicaciones ya no están tan controladas.

En esos tiempos la mujer no trabajaba fuera de casa; **en estos momentos** muchas tienen trabajos bien pagados.

Hace unos treinta años muchos países de habla hispana tenían gobiernos dictatoriales; **actualmente** muchos de ellos son democracias.

En los años setenta Chile sufría una época de represión; **en nuestros días** hay una democracia.

Actividad 1.7

En la mayoría de las profesiones las cosas han cambiado mucho en los últimos años. Escuche el Extracto 2 en la Cinta de actividades y complete las oraciones siguiendo el ejemplo. Use de nuevo expresiones temporales para contrastar pasado y presente.

Things have changed in most occupations in the past few years. Listen to Extract 2 of the Activities Cassette and answer following the example. Use expressions of time to contrast past and present.

Actividad 1.8

1 Lea estas descripciones de dos profesiones distintas. Hay ocho palabras que están en el texto equivocado (cuatro en cada texto). Reescriba los dos textos con las palabras correctas y fíjese en la concordancia de sustantivos, adjetivos y artículos.

Read these two descriptions, each of a different profession. Eight words or expressions have been placed in the wrong text (four in each text). Rewrite the two texts with the right words paying attention to the agreement of nouns, adjectives and articles.

Antes los carteros conocían a todo el mundo. Llevaban las cartas en un maletín negro y a veces debajo de las gargantas. En aquella época tampoco había buzones en las casas y los carteros tenían que llamar con un silbato y los vecinos iban a buscar los sonidos. Ahora todo es diferente, es más impersonal, pero más cómodo. Hoy en día los carteros llevan un 'carrito' y dejan las cartas en las salas de espera.

En los años sesenta el médico era una persona más de la familia. Cuando alguien caía enfermo venía el médico a casa. Siempre era muy amable y hablaba muy bajito. Llevaba una cartera de cuero donde guardaba una pequeña linterna para mirar los brazos y un estetoscopio para escuchar las cartas de mi cuerpo. Ahora, en cambio, soy yo la que tengo que ir al médico y tengo que esperar en una portería llena de gente que no conozco.

2 Ahora le toca a usted hablar de los cambios en su profesión, o una profesión que conozca bien, en los últimos tiempos. Escriba una breve redacción (70 palabras) sobre esos cambios. Use el vocabulario y las expresiones temporales con las que ha trabajado en esta sesión e intente cubrir los siguientes puntos:

Now it is your turn to talk about the changes that have happened in your profession or in a profession you know well. Write a passage (70 words) about these changes. Use the vocabulary and the expressions of time that you have learned in this session and try to mention the following points:

- Lugar de trabajo;
- Condiciones de trabajo, por ejemplo, horario;
- Instrumentos de trabajo, por ejemplo, nuevas tecnologías.

Puede empezar su composición así:

Soy médica, ingeniera, diseñadora de moda, bibliotecaria...

3 Ahora grábese hablando de esos cambios.

Now record yourself saying the passage out loud.

Pronunciación

Do the exercises in *Práctica 22* of the Pronunciation Practice Cassette and Booklet to practise the pronunciation of the letter 'l'.

Sesión 3 ¡Cómo han cambiado las cosas!

In this session you are going to watch a video sequence about the fishing industry in Peru. It was filmed in Lima, which contains the most important fishing port in the country. Peru is known to have one of the biggest fish stocks in the world.

Actividad 1.9

You are going to hear Carlos Bruce talk about changes in the fishing industry in Peru during the twentieth century.

1 Vea la secuencia de vídeo (00:51:33–00:55:04) una vez sin sonido, concentrándose sólo en las imágenes y responda a las siguientes preguntas en inglés:

Watch the video sequence (00:51:33–00:55:04) once without sound, concentrating only on the images and answer the following questions in English:

(a) What kind of place do you see at the beginning?
(b) What species of fish do you recognize?
(c) What do you see people doing?
(d) Which other products do you see in the last scene?

2 Vea la secuencia de vídeo (00:51:33–00:52:27), donde se habla de la evolución de la industria pesquera en Perú en el último siglo. Una las expresiones de tiempo en la columna de la izquierda con lo que ocurrió en cada década.

Now watch the video sequence (00:51:33–00:52:27) where the evolution of the fishing industry in Peru during the twentieth century is explained. Match the expressions of time with the different events that took place.

anchoveta
Same species as the *anchoa*, but bigger. In some parts of Spain the word *boquerón* is used instead of *anchoa* to refer to the captured fish and *anchoa* only to refer to the tinned fish.

(i) Después de la Segunda Guerra Mundial
(ii) En la década del cincuenta
(iii) En la década del sesenta
(iv) En la década del setenta

(a) La industria pesquera peruana colapsa
(b) Se produce aceite y harina de pescado
(c) Se comercia la captura de ballenas
(d) Perú se convierte en el primer exportador de aceite y harina de pescado

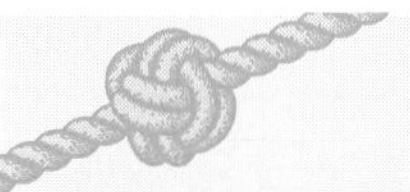

Atando cabos

Talking about decades

The expressions of time you have just seen (*en la década del cincuenta, en la década del sesenta, etc.*) are used to describe what happened in a particular ten-year period. There are different ways of expressing the same meaning:

En la década del cincuenta
En los años cincuenta
En los cincuenta
En la década de los cincuenta

Note that the numbers used in these expressions are in the singular, unlike in English (in the forties, in the fifties, etc.).

3 Vea la siguiente secuencia de vídeo (00:53:08–00:53:35) y marque la frase que resuma mejor el contenido del extracto.

Watch the video sequence (00:53:08–00:53:35) and tick the sentence that best summarizes what is said.

(a) En los últimos años el cambio más interesante se ha producido en la industria de congelados. ❑

(b) El cambio más importante se ha producido en los sistemas de seguridad de los pescadores. ❑

(c) El cambio más importante se ha producido en el número de capturas. ❑

HISPANOAMÉRICA

The word *recién* has a different meaning in Spanish America and in Spain. In Spanish America it means 'just (now)' or 'recently'. Spaniards would say *hace poco tiempo, recientemente, apenas, sólo, sólo ahora* instead. For example, someone in Spanish America would say *esta industria se ha desarrollado recién* whereas a Spaniard would say *esta industria se ha desarrollado hace poco (tiempo) / recientemente.* In Spain the word *recién* must always be followed by a past participle, for example *casa recién comprada.*

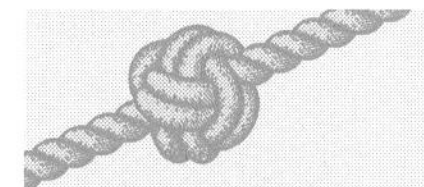

Atando cabos

Using the perfect tense to talk about changes

In the video, Carlos Bruce tells us about the changes that have taken place in the fishing industry in Peru:

> El cambio más interesante ha sido el desarrollo de la industria de la pesca.
>
> La industria del congelado ha tenido también una evolución muy interesante.

To talk about what has happened between a particular time in the past and now, Spanish, like English, uses the perfect tense.

Remember that the perfect tense is always made up of two words: the present of the verb *haber* plus the past participle of the conjugated verb.

The past participle is formed by replacing the infinitive endings ('-ar', '-er' and '-ir') with the endings '-ado' or '-ido'. Study the table opposite carefully:

pesc -ar pesc -ado

com -er com -ido

viv -ir viv -ido

	Auxiliary	Past participle
Yo	he	
Tú	has	pescado
Él, ella; Ud.	ha	comido
Nosotros, -as	hemos	
Vosotros, -as	habéis	vivido
Ellos, ellas; Uds.	han	

The perfect tense is used to express an action which started in the past but is linked to the present:

¿Cuál ha sido el cambio más interesante de los últimos años?

En los últimos años la industria ha evolucionado enormemente.

These two sentences illustrate how the industry has changed in the years up to the present time. This use is very similar to the English use.

In Castilian Spanish the perfect tense is also used to refer to an event which happened recently, whereas English and non-Castilian Spanish prefer to use the preterite:

Castilian Spanish: Esta mañana me he levantado a las seis.
Non-Castilian Spanish: Esta mañana me levanté a las seis.
English: This morning I got up at six.

You should never split *haber* from the past participle.

If you want to know more about this tense, see the Spanish Grammar: page 9 for an explanation of the perfect tense, pages 241, 244 and 247 to revise its formation, and page 250 for general hints on tenses in Spanish.

4 Ahora que usted sabe cómo se forma el pretérito perfecto de los verbos, complete las siguientes frases con la forma apropiada del verbo que aparece entre paréntesis:

Now that you know how to form the perfect tense, complete the following sentences giving the appropriate form of the verb in brackets:

(a) La industria pesquera en Perú ...... (atravesar) una serie de cambios importantes en los últimos años.

(b) Los peruanos ...... (explotar) nuevas especies para la exportación.

(c) La industria de congelados ...... (tener) un desarrollo espectacular en los últimos años.

(d) Alemania siempre ...... (consumir) merluza peruana.

5 Vaya ahora a su Diario y tome notas sobre la formación del pretérito perfecto, usando para ello las tres conjugaciones como ejemplo.

In your Diario, make notes about the structure of the perfect tense with examples of the three conjugations.

Actividad 1.10

Para terminar esta unidad haga los siguientes acrósticos para ayudarle a memorizar algunas de las palabras que ha aprendido. Cuando los haya completado lea una de las columnas verticales para descubrir la palabra escondida.

Finally do the following puzzles which will help you memorize some of the words learned. Once you have completed them, read one of the vertical lines to find the hidden word.

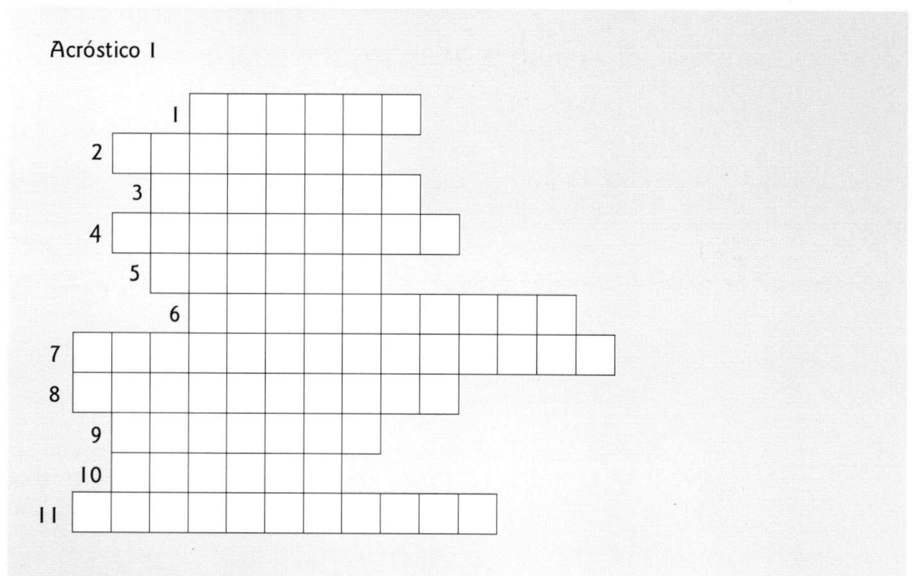

1 Publicaciones diarias o periódicas informativas
2 Persona que reparte cartas
3 Cuerpo o persona que mantiene el orden público
4 Persona que cuida de los enfermos
5 Persona con título legal que ejerce la medicina
6 Persona al servicio de otra que se encarga de la correspondencia y otras tareas administrativas
7 Oficina o cargo que se encarga de asuntos burocráticos
8 Persona que vende periódicos y otra prensa en un quiosco
9 Supresión de algo en una publicación por razones éticas o morales
10 Remuneración periódica que se obtiene por el trabajo realizado durante un período de tiempo
11 Sistema de selección de aspirantes a un puesto de trabajo

Acróstico 2

1											
2											
3											
4											
5											

1 Lugar donde se detienen las embarcaciones
2 Sinónimo de barco
3 Parte de una industria
4 La __________ de atún ha subido en los últimos años
5 Clase de pez muy popular para comer

Del dicho al hecho

When you have the time, you could do one of the following:

- Find out what your oldest family member's occupation is or was and describe it in Spanish.
- If you go shopping for fish, try to name the different species in Spanish.

Pronunciación

Do the exercises in *Práctica 23* of the Pronunciation Practice Cassette and Booklet to practise pronouncing stress in words like *década* and *económico*.

Unidad 2 De ayer a hoy

In this *unidad* you will learn how to describe what people, objects and places were like in the past. You will also practise talking about what life used to be like for previous generations and telling anecdotes about the past. You are going to learn and practise basic vocabulary relating to old practices and traditions.

Learning Objectives

By the end of this *unidad*, you should be able to:

- Describe what people, objects and places were like in the past;
- Talk about previous generations;
- Narrate past events.

Key Learning Points

Sesión 1

- Practising irregular past participles and past participles used as adjectives.
- Comparing past and present practices and traditions.
- Revising and expanding vocabulary relating to housing, shops and goods.

Sesión 2

- Talking about previous generations.
- Describing people, objects and places in the past.
- Identifying and using relative pronouns.

Sesión 3

- Using the imperfect and the preterite tenses in combination.
- Narrating events in the past.
- Understanding other types of narration.

Study chart

Activity	Timing (minutes)	Learning point	Materials
		Sesión 1 ***¿Todo tiempo pasado fue mejor?***	
2.1	25	Comparing old and new building techniques	Activities Cassette
2.2	20	Irregular past participles and past participles used as adjectives	Transcript Booklet, Spanish Grammar
2.3	25	Writing a diary	
2.4	25	Names of shops and shopkeepers	
2.5	25	Oral practice: comparing past and present	
		Sesión 2 ***Otras generaciones***	
2.6	30	Describing people in the past using relative pronouns	Activities Cassette
2.7	20	*Mayo del 68*: relative pronouns	Spanish Grammar
2.8	20	Oral practice: describing people in the past	Activities Cassette
2.9	20	Describing objects and places in the past	
2.10	30	Oral practice: practising descriptions in the past	Activities Cassette
	20	**Pronunciation**: endings of the imperfect tense	Pronunciation Practice Cassette and Booklet
		Sesión 3 ***Érase una vez...***	
2.11	35	Using the preterite and the imperfect tenses in narration	Spanish Grammar, Activities Cassette
2.12	25	Narrating in the past using different tenses	
2.13	20	Understanding a story about the past	Activities Cassette, Transcript Booklet
	20	**Pronunciation**: loss of stress in single phonic groups	Pronunciation Practice Cassette and Booklet

Sesión 1 ¿Todo tiempo pasado fue mejor?

In this session you are going to practise talking about old traditions and practices and comparing them with the present time. We are going to talk particularly about the field of architecture and the construction industry in Mexico, a country where earthquakes are common. In addition, you will revise essential vocabulary relating to the names of shops and occupations.

Actividad 2.1

In this activity you will listen to an architect talking about old and new techniques in architecture.

1 Observe esta casa mexicana y trate de imaginar cómo es por dentro. Nombre todas las partes de una casa que recuerde.

Look at this Mexican house and try to imagine what it looks like inside. Name as many parts of a house as you can remember.

2 Una los siete dibujos de las partes de una casa con las palabras correspondientes:

Match these seven drawings with the equivalent words relating to parts of a house or building materials:

(a) edificio

(b) ladrillo

(c) varillas

(d) fachada

(e) tejado

(f) escalera

(g) concreto / hormigón

concreto (SpAm), *hormigón* (Sp) concrete

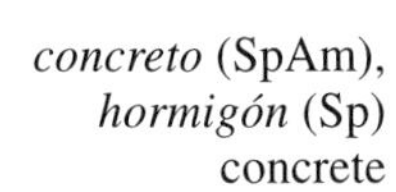

3 Antes de escuchar un extracto de audio sobre la construcción en México trate de predecir si las siguientes afirmaciones son verdaderas o falsas.

Before you listen to an audio extract about building in Mexico, try to predict if the following sentences will be verdaderas *or* falsas.

	Verdadero	Falso
(a) La ingeniería actual utiliza materiales más rígidos que la antigua.	❑	❑
(b) Los edificios modernos duran más tiempo que los antiguos.	❑	❑
(c) Las construcciones antiguas resisten mejor los temblores que las modernas.	❑	❑
(d) Hoy día las casas no se construyen para durar mucho.	❑	❑
(e) La ingeniería no ha cambiado mucho y se usan las mismas técnicas y materiales que antes.	❑	❑

temblor
tremor

4 Ahora escuche el Extracto 3 en la Cinta de actividades donde Daniel Goeritz, un ingeniero mexicano, habla de cómo han cambiado las técnicas de construcción en su país, y compruebe sus predicciones.

Now listen to Extract 3 of the Activities Cassette in which Daniel Goeritz, a Mexican engineer, talks about how building techniques have changed in his country, and check your predictions.

5 Vuelva a escuchar el extracto una o dos veces y haga una lista en inglés de las características de los edificios antiguos y de los edificios modernos siguiendo el ejemplo:

Listen to the extract once or twice more and list in English the characteristics of old and modern buildings mentioned as in the example below:

Edificios antiguos	Edificios modernos
Old houses lasted a long time *(Antes... las casas antiguas debían durar muchos años)*	Modern houses last 50 years *(Ahorita las casas están calculadas para que duren 50 años)*

Actividad 2.2

In this activity you are going to concentrate on the tenses and forms of the verbs used in the audio extract.

1 Lea la transcripción del Extracto 3 en el Cuadernillo de transcripciones e identifique todos los pretéritos perfectos. Luego, compruébelo en la Clave.

Read the transcript of Extract 3 in the Transcript Booklet and find all the examples of the perfect tense. Then check the Clave.

Atando cabos

Irregular past participles

You saw in *unidad 1* that the perfect tense is formed with the present tense of the verb *haber* + the past participle of the main verb, for example:

He trabajado toda la mañana.

Trabajado is a regular past participle of an '-ar' verb. However, some past participles are irregular, as for example:

lo que la ingeniería actual ha **hecho**

Hecho is the past participle of *hacer*. These are some of the commonest irregular past participles:

hacer hecho	abrir abierto	poner puesto
escribir escrito	romper roto	decir dicho
ver visto	cubrir cubierto	descubrir descubierto
volver vuelto	resolver resuelto	morir muerto

G For further details of irregular past participles, see the Spanish Grammar (pp. 55–7).

2 Ahora complete las frases siguientes con la forma apropiada del participio pasado de los verbos entre paréntesis:

Now fill in the gaps in the following sentences with the past participle of the verb in brackets:

(a) El ingeniero ha ...... (decir) que los edificios modernos son muy rígidos.

(b) Yo no he ...... (ver) todavía las pirámides prehispánicas de México.

(c) Hemos ...... (escribir) a la Oficina de Turismo de México para recibir información.

(d) Los cristales de esas casas se han ...... (romper) con el temblor.

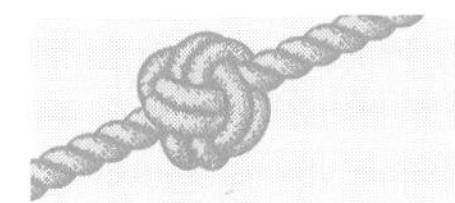

Atando cabos

Past participles used as adjectives

The past participle can also be used as an adjective to modify a noun. Like most adjectives, it must agree in gender and number with the noun it modifies:

puert**a** cerrad**a**

libr**os** escrit**os**

un problema resuelt**o**

3 Ahora vaya de nuevo a la transcripción del Extracto 3 en el Cuadernillo de transcripciones e identifique todos los participios pasados que se usan como adjetivos, así como los sustantivos que modifican.

Read the transcript of Extract 3 again and identify all the past participles used as adjectives and the nouns they modify.

4 Ahora lea las siguientes frases y dé en voz alta el participio pasado apropiado para cada frase siguiendo las indicaciones que se dan. Todos ellos se usan como adjetivos, así que recuerde que deben concordar en género y número con el sustantivo que modifican.

Now read the following sentences out loud, giving the appropriate past participle of the infinitive in each sentence. All the past participles are used as adjectives, so remember to make them agree in gender and number with the noun they modify.

(a) Este edificio fue (**construir**) en el siglo pasado.

(b) Fue diseñado por dos arquitectos muy (**conocer**).

(c) Ahora las casas están (**calcular**) para que duren muy poco.

(d) Los cristales estaban todos (**romper**) tras el terremoto.

(e) La Oficina de Información estaba (**cerrar**) cuando llegamos.

Actividad 2.3

1 Las oraciones que vienen a continuación pertenecen a dos diarios: uno de un arquitecto y el otro de un alcalde. Los diarios se han mezclado. Separe y ordene las frases en el diario correspondiente. Fíjese en el uso del pretérito perfecto.

The following sentences come from two different diaries: one of an architect, the other of a mayor, and they are all mixed up. Decide which diary each sentence comes from and put them in the correct order. Pay attention to the use of the perfect tense.

(a) Hoy hemos tenido otra reunión con el alcalde para decidir qué se hace por fin con el nuevo edificio del Ayuntamiento.

(b) Ya les he dicho claramente que queremos un edificio neoclásico, de los de siempre, robusto y duradero.

(c) Parece que no quieren entender lo que queremos. No vamos a tener nuevo Ayuntamiento ni para el siglo que viene.

(d) El jefe de proyecto y yo hemos discutido los nuevos planos con él durante horas.

(e) ¡Qué día! Otra reunión con el pesado del arquitecto y el jefe de proyecto para ver qué pasa con el nuevo Ayuntamiento.

(f) El alcalde quiere construir un edificio de estilo neoclásico, de piedra, sólido y resistente. Piensa que los edificios modernos se caen en dos días.

(g) Después, por si fuera poco, he tenido que aguantar otra reunión con la asociación de comerciantes. Siempre están quejándose de los impuestos municipales. No sé de qué se quejan, si ganan más que nadie.

(h) Además, el último Ayuntamiento que construyeron, tan moderno y extravagante, se está cayendo a cachos.

(i) Al final he vuelto a casa con un tremendo dolor de cabeza y con ganas de dejar la alcaldía.

(j) Cuando he vuelto a casa me he encontrado con un mensaje del presidente de la compañía. Me había olvidado completamente del asunto del nuevo aeropuerto de Soria.

(k) Al final no hemos llegado a ningún acuerdo y nos volvemos a reunir con él pasado mañana.

un pesado de (coll.)
a pain in the neck

aguantar
to put up with

a cachos
in small bits

(tener) ganas de
to feel like doing something

(l) En fin, que dentro de dos días tengo que volver a reunirme con los dos. Si no aceptan nuestras ideas, cambiamos de arquitecto y se acaba el problema.

(m) Por nuestra parte, hemos insistido en que lo mejor es combinar la solidez de la piedra con un estilo vanguardista y moderno.

(n) Mejor que ahora me vaya a la cama que mañana vienen los del sindicato de transportes y tengo que estar bien descansado.

HISPANOAMÉRICA

In Spanish America, the preterite tense (rather than the perfect) is used to narrate events that took place in the recent past. For instance sentence (j) on page 34 would read *Cuando volví a casa me encontré con un mensaje…*

2 Ahora escriba usted su propio diario contando lo que ha hecho durante el día, contestando las siguientes preguntas:

Now write your own diary in Spanish, saying what you have done during the day, answering the following questions:

¿A qué hora se ha levantado?

¿Ha ido a trabajar?, ¿al parque?, ¿de compras?

¿Ha tenido alguna sorpresa agradable o desagradable durante el día?

¿Le ha ocurrido alguna anécdota curiosa?

¿A quién ha visto?

¿A qué hora ha regresado a casa?

¿Qué ha hecho antes de acostarse?

3 Por último, grábese contestando las preguntas anteriores.

Finally, record yourself answering the questions in the previous step.

Actividad 2.4

Not only in the field of architecture do the old times seem better. Old-fashioned shops offer a wide range of products that cannot easily be found in modern shops.

1 ¿Cuántos nombres de tiendas recuerda? Haga una lista.

How many names of shops in Spanish do you remember? Make a list.

2 Ahora lea el texto que viene a continuación. Tome nota de los nombres de tiendas que aparecen en él. Luego compare su primera lista con el texto.

darse cita here, to come together
deshacerse here, to go crazy (about something)

¿Cuántas de las tiendas en su lista aparecen en él?

Now read the text below and write down the names of shops mentioned. Then compare your first list with the text. How many of the shops in your list are mentioned in the text?

Comercios de Siempre

Están al día, a pesar de tener casi cien años. Los dueños cambian pero siguen con la misma calidad.

Muchos son los comercios que salpican las calles. Sombrererías, librerías, zapaterías, pastelerías, mercerías... Todo se puede encontrar en este gran laberinto de edificios. Quizá sean de mayor interés aquellas que a través de sus escaparates han visto pasar un siglo [...]

CASA YUSTAS: vestir la cabeza
Emplazada en la Plaza Mayor, rodeada de caricaturistas y de curiosos paseantes, se alzan los abarrotados escaparates de Casa Yustas. Chisteras, bombines, gorras, birretes, boinas, casquetes, bonetes, cascos y pamelas se dan cita en este alargado comercio, fundado en 1894. [...] En esta casa se pueden encontrar gorros para todos los gustos, tamaños y oficios. « Aunque lo que más vendemos es el sombrero de caballero, el de toda la vida », explica Navarro, que comenzó a trabajar en la casa cuando tan sólo era un quinceañero, hace ahora 42 años.

DEL POZO: pastel, que te quiero dulce
Hasta el toro más bravo se desharía ante los exquisitos pasteles de Del Pozo, la pastelería más antigua de Madrid, donde trabajan día tras día [...] 11 obradores. « Éste es un negocio familiar por el que ya han pasado tres familias distintas. La última lleva cerca de 70 años », afirma Ángel Pascual, quien ha dejado algo más de 38 años de su vida en esta pastelería.

Casi todos los obradores entraron muy jóvenes a trabajar [...]

Se sienten orgullosos de hacer bollos y pasteles como los hacían allá por 1885: « Totalmente artesanales, no utilizamos ninguna máquina », aseguran.

El hojaldre es una de las especialidades. De ahí que sus empanadas de carne, bonito y sardinas [...] sean requeridas hasta por el Congreso de los Diputados. Las torrijas, las bayonesas de cabellos de ángel y crema y los rusos (bizcochos rellenos de chocolate o yema) son otras de las exquisiteces.

(*Cambio 16*, 27 de junio 1994, pág. 58)

Atando cabos

Names of shops

Many names of shops (especially traditional shops) are derived from the name of the goods sold + the ending '-ería'. When the noun ends in a vowel, the vowel is dropped:

papel ➔ papelería

libro ➔ librería

The occupation of the person who works in a particular shop is formed by adding '-ero' or '-era' to the names of the goods sold:

papel ➔ papelero, -ra

libro ➔ librero, -ra

Not all the names of traditional shops are derived from the goods they sell, for example:

madera ➔ carpintería / carpintero, -ra

hilo, botón ➔ mercería / mercero, -ra

embutido ➔ charcutería / charcutero, -ra

3 Ahora complete la información que falta en cada una de las columnas que siguen.

Now complete the missing information in each of the columns below.

Sustantivo	Tienda	Oficio
libro	librería	librero, -ra
sombrero		
	pastelería	
zapato		
cristal		
		pescadero, -ra

4 En el segundo párrafo del texto sobre Casa Yustas, se habla de los diferentes tipos de artículos que venden para 'vestir la cabeza'. ¿Cuál es el término genérico usado para referirse a todos estos artículos en conjunto?

In the second paragraph on Casa Yustas, the different types of product available to 'dress the head' are listed. What is the generic Spanish term used to refer to all these products?

Actividad 2.5

Nowadays there are very few small retail shops left. Most of them have been replaced by shopping centres and big supermarkets and superstores.

1 Piense en las diferencias que hay entre estos dos tipos de tiendas. Escriba una lista de ideas y agrúpelas en ventajas y desventajas de comprar en grandes centros comerciales. Use las palabras del recuadro para formar frases.

Think about the differences between these two types of shops and write a list of ideas. Group them into advantages and disadvantages. Make up sentences using the words in the box.

Ejemplos

ventajas: es más cómodo

desventajas: hay menos comunicación personal

dependiente, servicio, calidad, variedad, artículos, productos, precios, cliente, supermercados, tiendas, comercios, grandes almacenes

2 Ahora, siguiendo el modelo y usando las expresiones de contraste que se dan a continuación, grábese haciendo una comparación entre cómo se compraba antes (en pequeñas tiendas) y cómo se compra ahora (en grandes supermercados).

Now, following the model and using the expressions of contrast given below, record yourself comparing shopping in old and modern times.

Ejemplo

Antes había más comunicación personal con los dependientes, ahora sin embargo el trato es muy impersonal.

Expresiones de contraste

pero but

sin embargo however

por el contrario on the contrary

en cambio however

por un lado / por una parte on the one hand

por otro lado / por otra parte on the other hand

Sesión 2 Otras generaciones

In this session you are going to practise describing what people used to be like in the past. You will revise adjectives and expressions of contrast. You will also have the opportunity to further practise your speaking skills.

Actividad 2.6

1 Mire usted la foto y piense en cómo era la vida de Lilí Álvarez, una famosa deportista española en los años veinte y treinta. Escriba un breve párrafo contestando las preguntas siguientes:

Look at the photo and think about what Lilí Álvarez's life might have been like in the twenties and thirties. Write a brief paragraph in Spanish, answering the following questions:

¿Qué cree que hacía habitualmente?
¿Estudiaba?
¿Trabajaba?
¿En qué trabajaba?

¿Cómo se divertía?
¿Iba al cine?
¿De discotecas?
¿De bares?

¿Cómo era? ¿Moderna, anticuada, religiosa, rebelde?

Lilí Álvarez

2 Ahora escuche el Extracto 4 en la Cinta de actividades, donde el hablante describe cómo era su abuela. ¿Qué recuerdo tiene el hablante de su abuela, bueno o malo? ¿Cómo definiría su actitud hacia la abuela?

Now listen to Extract 4 on the Activities Cassette, in which the speaker describes what his grandmother was like. What memory does the speaker have of his grandmother, good or bad? How would you define his attitude towards his grandmother?

3 Escuche de nuevo el Extracto 4 y complete las frases con el adjetivo, adverbio o expresión que usa el hablante para describir a su abuela y sus hábitos o características.

Listen again to Extract 4 and complete the following sentences with the adjective, adverb or expression used by the speaker to describe his grandmother and her habits and characteristics.

(a) Era gente …… .

(b) Era gente …… .

(c) Pensaba …… y sobre la muerte.

(d) Hablaba…… .

(e) Dialogaba …… .

(f) Tenía …… mucho más respetuosas que las nuestras.

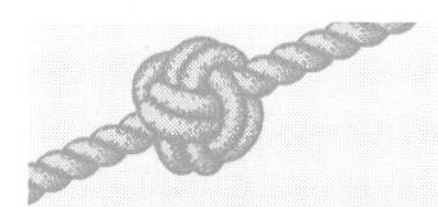

Atando cabos

Restrictive relative clauses

In the description of the grandmother you have just listened to, the word *que* appeared several times:

gente que tenía las manos para labrar la tierra

gente que pensaba mucho sobre la vida y la muerte

gente que hablaba mucho

In these examples *que* is a relative pronoun and introduces a restrictive relative clause. As with English ('that'), this pronoun introduces some information that further defines, and restricts the meaning of, a noun.

When *que* is preceded by a preposition, the pronouns become *el que, la que, los que* and *las que*:

La chica de **la que** te hablaba.

El amigo con **el que** salí ayer.

4 Imagine que el hablante de la cinta le está enseñando unas fotos de la época de su abuela. Ordene cada una de las frases en la página siguiente. Todas contienen el pronombre relativo 'que'.

Imagine that the speaker in the audio extract is showing you some photos from his grandmother's times. Reorder the following sentences (p. 41) which contain the relative pronoun que.

(a) casó a mis abuelos / **que** / éste es el cura
(b) **que** / ésta es la casa / se compraron cuando se casaron
(c) el anciano / viste ayer en el bar / **que** / es el hermano de mi abuela
(d) y las chicas / están detrás / son mis tías / **que**
(e) **que** / ésta es la foto / te quería enseñar

Actividad 2.7

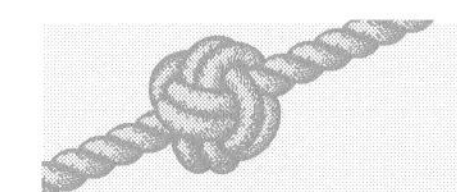

Atando cabos

Non-restrictive relative clauses with 'que', 'quien', 'como', 'cuando'

As well as defining a noun, relative clauses can add some extra information about what we are talking about, as in:

> La gente gallega, **que es muy apegada a la tierra**, piensa mucho sobre la vida y la muerte.

The phrase *es muy apegada a la tierra* is not essential to the meaning of the sentence and doesn't restrict the meaning of *gente*.

The relative pronoun you use depends on the nature of the information you are adding to the sentence:

Cuando means 'when' and it refers to a period of time (in this case, *en aquella época*) or a date:

> En aquella época, cuando la moral era muy rígida, las chicas no salían solas.

Quien means 'who' or 'whom', and refers to a person:

> Rosalía de Castro, quien escribía en gallego, es una escritora muy famosa.

You can also use *que* to refer to people:

> Rosalía de Castro, que era una escritora gallega, escribió *Follas novas*.

Finally, *donde* means 'where' and refers to a place:

> Santiago, donde hay mucha vida estudiantil, está al oeste de Galicia.

For more information on relative pronouns go to your Spanish Grammar (pp. 124–6).

Mayo del 68 es una fecha que recuerda una época de revolución y cambio. Complete las frases de la página 42 con el pronombre relativo apropiado:

May 68 is a date that evokes a time of revolution and change. Fill in the sentences on page 42 with the appropriate relative pronoun:

1 En mayo de 1968, ... hubo la manifestación estudiantil en París, cambió el pensamiento del mundo.

2 Woodstock, ... se concentraban miles de jóvenes en los años 60, fue el primer concierto multitudinario.

3 Martin Luther King, ... ganó el Premio Nóbel de la paz, desempeñó un papel muy importante en el 68.

4 Mary Quant, ... impuso la minifalda, creó una revolución en la moda.

5 En la plaza de las Tres Culturas en México DF, ... se concentraron los estudiantes en protesta, hubo una gran matanza.

6 Joan Manel Serrat, ... quiso cantar en Eurovisión en catalán, es uno de los representantes de la canción protesta más conocidos del mundo.

Actividad 2.8

Escuche el Extracto 5 en la Cinta de actividades y practique cómo describir a alguien en el pasado reaccionando a los estímulos.

Listen to Extract 5 on the Activities Cassette and describe what someone used to look like by following the prompts. You may want to revise your notes on the imperfect tense beforehand.

Actividad 2.9

As well as describing people's appearance and personality in the past, the imperfect tense can be used to describe objects and physical conditions (including time, age and weather). Let's have a glimpse into the life of a typical Catalan student in the sixties.

1 En el dibujo de la página 42 aparece la habitación de Xavier, un típico joven de los años 60. Elija las oraciones que mejor describen su habitación:

Look at the bedroom opposite. It is the bedroom of Xavier, a typical youngster from the 1960's. Choose the sentences that best describe it from the list below:

(a) Era una habitación limpia y ordenada. ❑

(b) Había discos y libros tirados por el suelo. ❑

(c) Encima de la cama había una planta. ❑

(d) Xavier tenía una alfombra de dibujos. ❑

(e) Sobre la mesa se podían ver libros y revistas amontonados. ❑

(f) El tocadiscos era viejo y anticuado. ❑

(g) La cama estaba bien hecha y recogida. ❑

2 Ahora vuelva a mirar detenidamente el dibujo y describa lo que parecía gustarle o no gustarle a Xavier. Escriba por lo menos cinco oraciones. ¡Acuérdese de usar el imperfecto! Si lo desea, puede repasar sus notas sobre cómo expresar gustos.

Now look again at the drawing and describe Xavier's likes and dislikes. Write at least five sentences. Remember to use the imperfect! You might find it useful to read your notes on how to express likes and dislikes.

Ejemplo

A Xavier le gustaba / le encantaba la canción protesta.

Actividad 2.10

Escuche el Extracto 6 en la Cinta de actividades y practique más descripciones en el pasado contestando unas preguntas sobre unos objetos robados y el ladrón.

Listen to Extract 6 on the Activities Cassette and practise more descriptions in the past by answering a few questions about a thief and some stolen goods.

Pronunciación

Do the exercises in *Práctica 24* of the Pronunciation Practice Cassette and Booklet to practise imperfect tense endings such as *sabía* and *hacía*.

Sesión 3 Érase una vez...

In this session you are going to practise narrating events that happened in the past. You will read and tell traditional children's tales. Then you will listen to a fascinating story told by a *gallego*.

Actividad 2.11

Children's tales are a typical example of narration of a past event. In Spanish most of them start with the phrase *Érase una vez...*, equivalent to the English 'Once upon a time...'.

1 Lea un fragmento de un cuento infantil muy popular. ¿De qué cuento se trata?

Read this extract from a very popular children's tale. Can you recognize it?

> Érase una vez una hermosa niña que se llamaba Caperucita Roja. Todos los animales del bosque eran sus amigos y Caperucita los quería mucho. Un día su mamá le dijo: « Caperucita, lleva esta jarrita de miel a casa de la abuelita. Ten cuidado con el lobo feroz. » Cuando Caperucita salió de casa era ya bastante tarde, aunque hacía todavía mucho calor. En el bosque, el lobo salió a hablar con la niña y le preguntó: « ¿Adónde vas, Caperucita? » La niña le contestó: « Voy a casa de mi abuelita a llevarle esta jarra de miel. »

Atando cabos

Use of tenses for narrating past events

The **preterite** is normally used to report completed or finished actions in the past, as in the following example from the fairy tale:

> En el bosque, el lobo **salió** a hablar con la niña y le **preguntó**:

The **imperfect** tense is used to express ongoing or habitual actions, with no indication of their beginning or end:

> Todos los animales del bosque **eran** sus amigos y Caperucita los **quería** mucho.

The imperfect is used to express most descriptions of physical, mental and emotional conditions; the time (with *ser*); and age (with *tener*):

El lobo **era** muy malo.

Era ya bastante tarde.

... **hacía** todavía mucho calor.

When narrating past events, the preterite and the imperfect often appear in the same sentence or paragraph:

La abuelita **estaba** descansando en la cama, cuando **entró** el lobo.

In the narration of past events the two tenses are used as follows:

- The preterite narrates the action that happened:

  Cuando el lobo **entró.**

- The imperfect sets the stage, or describes the circumstances in which the action took place:

  La abuelita **estaba** descansando.

Before going on to the next step, it would be useful to revise the forms (starting on page 240) and uses (pp. 6–9) of these two tenses in the Spanish Grammar.

2 Lea el resto del cuento de Caperucita roja y complete las frases con el tiempo adecuado de los verbos a continuación. Sólo un verbo aparece en el imperfecto.

Read the rest of the story and fill in the gaps with the appropriate form of the verbs given. There is only one verb in the imperfect tense.

asustar, llegar, meter, vestir, comer, ver, ir, estar, lanzar, entrar, tratar

« Pues si vas por este sendero, vas a llegar antes » ...... el malvado lobo, que se ...... por el camino más corto. El lobo ...... primero a la casa de la abuelita. Cuando ...... , la abuelita ...... descansando en la cama. Cuando ...... al lobo se ...... mucho y ...... de huir, pero el lobo se ...... sobre ella y se la .... Luego se ...... con su ropa y se ...... en la cama a esperar a Caperucita.

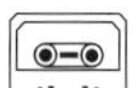

3 Ahora escriba el final del cuento. En la siguiente página encontrará algunas frases para ayudarle. Compruebe su versión con la del Extracto 7 en la Cinta de actividades.

Now write the end of the story. There are a few phrases overleaf to help you. Compare your version with the one in Extract 7 on the Activities Cassette.

un leñador, pasar por allí, ver lo que ocurrió, matar al lobo con un hacha, sacar a la abuelita de la barriga, abrazar a la abuelita, prometer escuchar los consejos

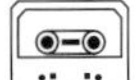

4 Escuche el Extracto 8 en la Cinta de actividades donde hará el papel de Caperucita roja.

Listen to Extract 8 on the Activities Cassette and play the role of Little Red Riding Hood, following the prompts.

Del dicho al hecho

Look for an English version of *Little Red Riding Hood* in the library or among your own books and compare it with the version you listened to in activity 2.11. Does it end in the same way? Try to tell the story to a Spanish child; if you don't know any, practise with an adult!

Actividad 2.12

1 Nuestro amigo Felipe es un poco torpe y le pasan cosas extrañas a veces. Mire las viñetas con atención, extraiga de ellas lo que son circunstancias (¿Qué pasaba?) y lo que son acciones (¿Qué pasó?) y escríbalo en español en el cuadro.

Our friend Felipe is a little bit absent-minded and strange things happen to him sometimes. Look at the cartoons opposite, and in the table below write down the actions (¿Qué pasó?) *and the circumstances and descriptions* (¿Qué pasaba?).

¿Qué pasaba?	¿Qué pasó?

2 Cuéntenos lo que hizo y lo que le ocurrió a Felipe durante las vacaciones el año pasado dando la información que falta en la carta de la página 48.

Say what happened to Felipe during his holidays last year by filling in the missing information in the letter on page 48.

Madrid Barajas
TAXI
Voy a las Canarias a tomar el sol.
Madrid Barajas
Oslo
París
Madrid
las Canarias
ÁFRICA
¡Pero si esto no son las Islas Canarias! ¡Estoy en Oslo!
Oslo
París
Madrid
las Canarias
ÁFRICA

31 de julio de 1999

Querido Raúl:

¿Qué tal estás?

Te estarás preguntando cómo me fueron las vacaciones. Pues te lo voy a explicar.

El primer día hacía un tiempo horrible...

. . . . . .

¡Me habían robado mientras estaba de vacaciones!

¡Qué mala suerte!

Un cariñoso saludo de tu amigo,

Felipe

Actividad 2.13

Now you are going to listen to an audio extract in which the speaker talks about something which happened to his grandmother.

1 Antes de escuchar, lea los siguientes fragmentos de la historia.

Before listening, read the following parts of the story.

(a) La primera historia que recuerdo es que mi abuela me contó que ella de joven rezaba el rosario todas las noches. Y una noche estaba toda concentrada pasando las cuentas del rosario y en un momento levantó la vista y sentada a los pies de la cama estaba su tía Manuela.

(b) Entonces la tía Manuela dijo lo que había venido a pedirle.

(c) Esto no tendría nada de particular si no fuese porque su tía Manuela se había muerto el invierno anterior. Y entonces (mi abuela) le hizo la pregunta mágica que es: '¿qué requieres?'

(d) Entonces ahora ella como descarnada, como mujer sin cuerpo ya, no podía acudir y necesitaba un cuerpo de alguien vivo. Dijo la tía Manuela: 'Venía, Ramonilla, a pedirte el tuyo.'

(e) Y mi abuela le dijo: '¡Yo, por mi familia, lo que haga falta!'

(f) Resulta que el verano pasado, cuando llegó la siega del maíz, ella tuvo una gripe de éstas de verano que le impedía trabajar y se ofreció a la Virgen de la Guía diciendo que si le curaba la gripe y ella podía trabajar con todas sus fuerzas, al año siguiente iría a la romería de la Virgen de la Guía para agradecérselo y cumpliría una serie de preceptos.

(g) Pero infelizmente, en invierno tuvo otra gripe que la mató.

(h) Y mi abuela lo contaba muy bonito, decía: 'Llegó el día de la Guía, el sol se desparramaba por el cielo, no había ni una sola nube y toda la aldea de Carreira pudo ver cómo yo iba hacia la Iglesia de la Guía y a mis pies dos sombras: mi sombra y la que todas las mujeres viejas reconocieron, la sombra de mi tía Manuela.'

(i) Entonces, (la tía Manuela) le advirtió: 'Cuando llegue el día de la Guía yo voy a entrar en tu cuerpo. Tú vas a sentirte muy rara por dentro pero no te preocupes porque seré yo, tu tía Manuela, quien está contigo.'

2 Escuche el Extracto 9 en la Cinta de actividades y ordene los fragmentos de la historia según nos la cuenta el hablante.

Listen to Extract 9 on the Activities Cassette and put the events in the order they are told on the cassette.

3 Ahora lea en voz alta la transcripción del extracto y trate de imitar la entonación y cadencia del hablante mientras escucha otra vez la cinta.

Now read the transcript of the extract aloud, trying to imitate the intonation and rhythm of the speaker at the same time as you listen to it.

Pronunciación

Do the exercises in *Práctica 25* of the Pronunciation Practice Cassette and Booklet.

Unidad 3

¡Cómo están las cosas!

In this *unidad* you will revise how to express opinions. You will also learn how to express pleasure, displeasure and surprise, as well as revising the perfect tense and its uses in Castilian and non-Castilian Spanish.

Learning Objectives

By the end of this *unidad* you should be able to:

- Talk about how things have changed;
- Express opinions and surprise;
- Understand people expressing pleasure and displeasure.

Key Learning Points

Sesión 1

- Using the adverbs *ya* and *todavía.*
- Practising using past participles as adjectives.
- Acquiring new vocabulary relating to professions.

Sesión 2

- Expressing opinions.
- Expressing pleasure and appreciation.

Sesión 3

- Understanding intonation to express surprise.
- Expressing displeasure.

Study chart

Activity	Timing (minutes)	Learning point	Materials
		Sesión 1 ***Con voz y voto***	
3.1	30	Uses of the perfect tense in Castilian and non-Castilian Spanish	Video
3.2	25	Women's changing role in society: contrasting past and present	Video, Spanish Grammar
3.3	10	Using *todavía* and *ya* with past tenses	
3.4	40	Feminine forms of nouns for professions	
3.5	30	Past participles used as adjectives	Video
	10	**Pronunciation:** the letter 'd'	Pronunciation Practice Cassette and Booklet
		Sesión 2 ***¡Qué maravilla!***	
3.6	20	Expressing opinions about changes in values	Activities Cassette
3.7	25	Memories of Veracruz	Activities Cassette
3.8	25	Expressions of opinion	Activities Cassette
		Sesión 3 ***¡Qué disgusto!***	
3.9	30	Finding out *La gran noticia*	Audio Drama Cassette
3.10	30	Using intonation to express surprise	Audio Drama Cassette, Transcript Booklet
3.11	20	Expressing displeasure	Audio Drama Cassette, Transcript Booklet
	20	**Pronunciation**: intonation of exclamations	Pronunciation Practice Cassette and Booklet

Sesión 1 Con voz y voto

In this session you are going to watch several people from different countries voice their opinions on different issues: how their country has changed, changes in the role of women in society and the situation of minority languages.

Actividad 3.1

In the video sequence you are about to watch, three people from Catalonia, Galicia and Peru give their opinions about the changes that have happened in Spain and Peru over the last few years.

1 Vea la secuencia de vídeo (00:55:08–00:56:24) dos veces y escuche lo que dicen las tres personas. Después responda a estas preguntas en español:

Watch the video sequence (00:55:08–00:56:24) twice and listen to what the three people say. Then answer these questions in Spanish:

(a) ¿Ha cambiado la situación en Cataluña, en Galicia y en Perú?

(b) ¿Han sido cambios positivos o negativos según los tres entrevistados?

2 Vea el vídeo otra vez y concéntrese ahora sólo en la primera persona que habla sobre los cambios en Cataluña (00:55:15–00:55:38) y complete el texto con los verbos que oiga:

Watch the video again, concentrating now on the first person (00:55:15–00:55:38), who talks about changes in Catalonia, and fill in the blanks with the verbal forms you hear:

> Cataluña, estos últimos años, ... muchísimo afortunadamente. ...... cambios positivos desde todos los puntos de vista. Desde el punto de vista político, sobre todo. Entonces con la llegada de... de la democracia ...... una mejora desde el, desde el urbanismo... a la cultura. En fin, para mí, ... en todos los sentidos.

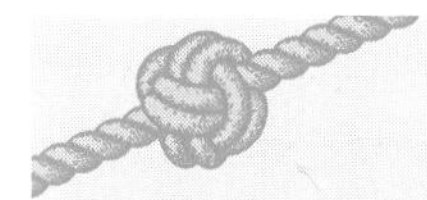

Atando cabos

Uses of the perfect tense in Castilian and non-Castilian Spanish

As you know, the perfect tense is used to refer to recent past events which are linked with the present. However, in some regions of Spain like Galicia, Asturias, Castilla-León, the preterite is preferred to the perfect tense to express such past events, for example:

> Galicia cambió mucho.

In Spanish America the preterite is also preferred to the perfect tense to express a past action which, although it has been completed, is linked in some way with the present:

> Y en este momento el terrorismo ya acabó.

Sabía Ud. que...

Con la democracia España se ha convertido en un Estado de las Autonomías. España está dividida en 17 Comunidades Autónomas, cada una de ellas con su propio gobierno y Parlamento. En todas las Comunidades se celebran elecciones. Las distintas Autonomías tienen competencias en Educación, Sanidad, Transportes, etc. También existen televisiones y radios públicas en casi todas las Comunidades que emiten programas en español y en las lenguas propias de cada comunidad.

3 Ahora escuche de nuevo al segundo entrevistado (00:55:39–00:56:08) de Galicia y preste atención a la primera frase de su respuesta. A la pregunta '¿cómo ha cambiado el país en los últimos años?' ¿qué responde?

Now listen again to the second person interviewed (00:55:39–00:56:08) and pay attention to the first sentence of her answer. What is her answer to the question ¿cómo ha cambiado el país en los últimos años?

4 Vea por última vez la secuencia completa (00:55:08–00:56:24) y escriba una lista en español de los distintos cambios ocurridos en Galicia, Cataluña y Perú.

Watch the whole video sequence for the last time and list in Spanish the different changes in Galicia, Catalonia and Peru.

5 Ahora piense en los cambios ocurridos en su país en los últimos años y responda a las siguientes preguntas:

Now think about changes in your own country in recent years and answer the following questions:

la sanidad
health service

(a) ¿Ha cambiado la sanidad?

(b) ¿Ha mejorado la asistencia en los hospitales?

(c) ¿Ha cambiado la educación? ¿En qué ha cambiado?

(d) ¿La economía ha mejorado o ha empeorado?

(e) ¿El nivel de desempleo / paro ha bajado o ha subido?

(f) ¿Ha cambiado el tipo de industrias?

Actividad 3.2

In the next video sequence four people give their opinions about the new roles of women in society.

1 Antes de ver la secuencia de vídeo, fíjese en estas fotos e intente predecir de qué van a hablar las cuatro personas del vídeo. Aquí tiene un ejemplo:

Before watching the video sequence, look at the photos below and guess what the four people on the video might say, for example:

Hoy las mujeres ocupan todo tipo de trabajos.

hacer la faena de casa, hacer las tareas domésticas
to do the housework

cambio rotundo, cambio drástico
drastic change

trapear (SpAm)
pasar la fregona (Sp)
to mop

2 Ahora vea la secuencia de vídeo (00:56:26–00:58:39) y escriba frases comparando cómo era la situación de la mujer tradicional y hoy en día, de acuerdo a lo que se dice en el vídeo. Las siguientes expresiones temporales le ayudarán a estructurar sus frases.

Now watch the video sequence (00:56:25–00:58:39) and note down a few sentences comparing the traditional situation of women with women's situation today, according to the speakers on the video. The following expressions should help you to structure your answers.

antiguamente, en otra época, anteriormente, actualmente, en estos momentos, en la actualidad, hoy en día

Ejemplo

Antes la mayoría de las mujeres se casaban y se quedaban en casa.

Ahora la mujer desarrolla una vida profesional.

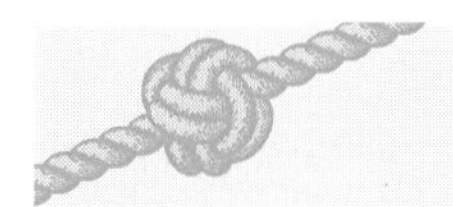

Atando cabos

Using 'ya' and 'todavía'

In the last video sequence you heard several examples of a very common Spanish adverb, that you have probably already come across. This is *ya*, an adverb of time. Here is an example from the video:

... pues **ya** sabías, la faena de los hijos, de criarlos.

Ya can have many uses and meanings; however, we will now only concentrate on two of these and another similar adverb: *todavía*.

1 *Ya* meaning 'already':

The adverb *ya* is commonly used with the past tenses, particularly with the perfect tense:

Ya he venido.

Ya he terminado.

It can be used with other past tenses and has the same meaning as 'already' in English, for example with the preterite:

... interiormente **ya encontró** a ese príncipe azul.

Or with the imperfect:

... **ya** sabías...

G

2 *Ya no* meaning 'not ... any more':

Ya no means 'not ... any more' in English, as in:

... **ya** no está esperando el príncipe azul

Go to your Spanish Grammar (p. 238) for more information on other uses of *ya*.

3 *Todavía* meaning 'still' or 'yet':

This is an adverb often associated with *ya* which means 'still' in the affirmative and 'yet' in the negative:

En muchos países las mujeres no han encontrado **todavía** las condiciones necesarias para desarrollar una vida profesional.

Las mujeres siguen siendo **todavía** las que más encargan del cuidado de los hijos.

Actividad 3.3

A journalist is preparing an article about women's situation at work and has made a list of tasks she has to do today.

1 Escriba cuatro frases diciendo lo que **ya** ha hecho y **todavía** no ha hecho esta periodista (señaladas con un visto).

Write four sentences saying which of the following tasks the journalist has already done and which she still hasn't done (as shown by a tick).

Ejemplo

Todavía no ha preparado el informe.

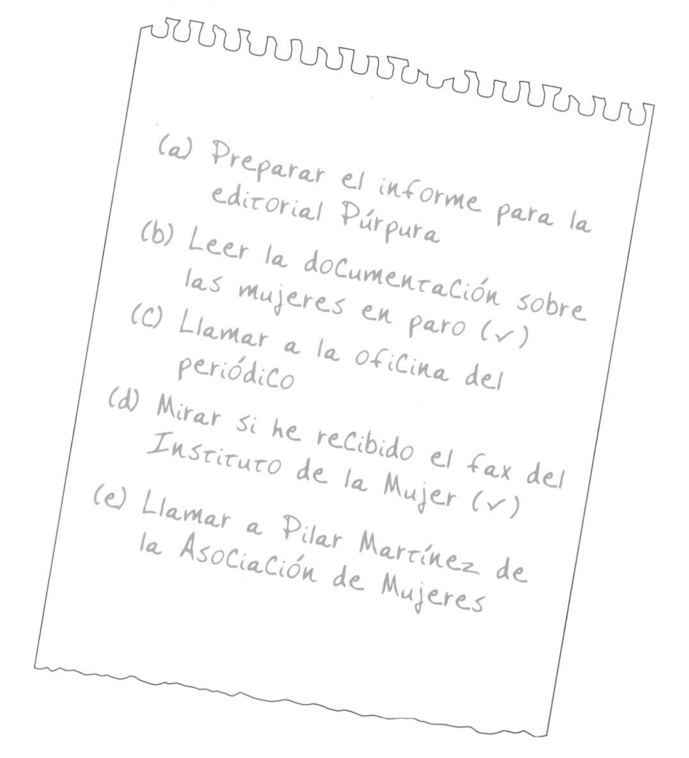

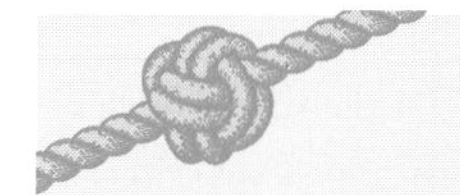

Atando cabos

Direct object pronouns

Lo and *la* are direct object pronouns and they substitute a direct object.

He comprado **una revista** = **La** he comprado

He oído **el ruido** = **Lo** he oído

Direct object pronouns	Masculine	Feminine
Singular	Lo	La
Plural	Los	Las

Note that the pronoun is placed before the verb in the perfect tense.

2 Ahora conteste las siguientes preguntas por escrito. No se olvide de usar los pronombres de complemento directo basándose en el diario de la periodista.

Now answer the following questions using the object pronouns, as in the example, based on the journalist's diary.

Ejemplo

¿Ha escrito ya la respuesta al fax?
No, no la ha escrito **todavía / Todavía** no la ha escrito.

(a) ¿Ya ha leído la documentación?

(b) ¿Todavía no ha llamado a la oficina del periódico?

(c) ¿Ya ha recibido el fax?

(d) ¿Ya ha preparado el informe?

Actividad 3.4

In *Actividad 3.2* you saw people talking about recent changes in women's lives. Now you are going to read a short text about traditional and new professions for women.

1 Lea el siguiente artículo y escoja de entre las siguientes opciones un título apropiado para el texto:

Read the following article and choose an appropriate title for it from the possibilities below:

(a) Estrategias de mujer ❑

(b) La perfecta casada ❑

(c) La mujer y los hombres en el trabajo ❑

(d) El lenguaje del trabajo ❑

Durante la posguerra franquista, [...] ninguna mujer casada 'respetable' trabajaba: ni dentro de casa (pues disponía de abundante servicio doméstico, barato y obediente) ni mucho menos fuera de ella (lo que sólo parecía pensable como algo forzado por la necesidad). Tanto es así que sólo las solteras de clase 'humilde' lo hacían, bien como empleadas (en sectores muy específicos como el textil), bien como criadas, pues [...] las chicas de clase media que trabajaban se cuidaban de subrayar que únicamente lo hacían como adorno personal [...] Pero hoy, en cambio, esta situación se ha invertido por completo: [...] todas las chicas trabajan o se hallan dispuestas a trabajar en cuanto puedan. [...] Además, las chicas de hoy ya no se conforman con ser sirvientas, secretarias, costureras o dependientas, y cada vez más desean ser *juezas, ingenieras, directoras generales* o *pilotas de aviación* (palabras estas de difícil construcción en castellano, dada su histórica falta de reflejo real).

(*El País semanal*, no. 121, pág. 18, 13 de junio de 1993)

2 Preste atención al vocabulario que se le da aquí agrupado en tres categorías: adjetivos, sustantivos acompañados de adjetivos, y verbos. Vuélvalo a ordenar de acuerdo a sus propias categorías. Después vuelva a leer el texto y verá cómo lo entiende mejor.

Look carefully at the vocabulary below that has been grouped in three categories: adjectives, nouns with adjectives and verbs. Rearrange it in new categories, then read the text again and you will understand it better.

Vocabulario

respetable respectable
abundante plenty of
pensable thought possible
humilde lower, poorer

posguerra franquista during the Franco era, after the Spanish Civil War
servicio doméstico domestic service
adorno personal for their own amusement/pleasure

hallarse dispuesto, -ta a to be ready and willing to
cuidarse de subrayar to make a point of emphasizing
conformarse con to be satisfied with

3 Después de haber leído de nuevo el texto responda a las siguientes preguntas en español:

Read the text once more, then answer the following questions in Spanish:

(a) ¿Por qué no trabajaba la mujer casada de clase media después de la posguerra dentro de la casa?

(b) ¿De qué trabajaban las solteras de clase humilde en aquella época?

(c) ¿Trabajaban por necesidad las chicas de clase media de aquella época?

(d) ¿Cómo ha cambiado la situación hoy en día?

4 Ahora haga una lista con las profesiones tradicionales de mujer y otra lista con las nuevas profesiones que desempeñan ahora las mujeres de acuerdo con el texto.

Now make a list of traditional occupations for women and another one of new occupations for women according to the text.

HISPANOAMÉRICA

In Mexico the term *profesionista* is used instead of the noun *profesional*.

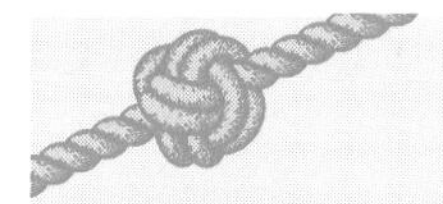

Atando cabos

How to form feminine nouns for professions

Here are the rules for the formation of the feminine of nouns for professions.

Masculine ending	Change	Feminine
–o (ingeniero)	changes to –a	ingeniera
consonant (director)	add –a	directora
–e (estudiante)	stays the same	estudiante
exception: dependiente	changes to –a	dependienta
–ista (artista)	stays the same	artista

Because some professions have traditionally been male-dominated, the tendency in the past has been to form the feminine of these professions by simply changing the article but keeping the masculine ending:

el juez — la juez

el médico — la médico

This, however, is now considered sexist and women are using the feminine forms for those professions which are no longer exclusive to men. *El Instituto de la Mujer*, part of the *Ministerio de Asuntos Sociales*, recommends the use of the following feminine forms to refer to a particular individual:

el juez — la jueza

el médico — la médica

PROPUESTA DE USO

El uso masculino de la terminación es gramaticalmente correcto si se refiere de forma abstracta a una determinada categoría profesional o funcionarial; no obstante, cuando tal referencia genérica se concreta en sujetos particulares, debe tenerse en cuenta la posibilidad de alternancia de los mismos, adoptando, según los casos, las formas del femenino o del masculino.

(Ministerio de Asuntos Sociales)

Actividad 3.5

In this video sequence you are going to listen to several people giving their opinions about the situation of languages which come in contact with each other.

Sabía Ud. que...

Como en muchos otros países del mundo, en los países de habla hispana conviven varias lenguas.

En España se hablan otras tres lenguas además del castellano: el catalán, el vasco y el gallego. El catalán tiene aproximadamente 6.000.000 de hablantes y es la lengua oficial en Cataluña. Existen además varios dialectos del catalán como el mallorquín y el valenciano que se hablan en las Islas Baleares y en la Comunidad Valenciana respectivamente. El gallego es la lengua oficial de Galicia junto al castellano. Hay aproximadamente 2.000.000 de gallegos que hablan esta lengua cooficial. En el País Vasco el euskera es otra lengua oficial y lo hablan alrededor de 600.000 personas (aproximadamente el 30% de la población vasca).

En Hispanoamérica existen también otras lenguas autóctonas, como el guaraní, el aymará, el náhuatl, el quechua y muchas otras lenguas indígenas. El quechua es una de las más extendidas. Es una lengua que proviene del imperio incaico. En la actualidad la hablan entre 10.000.000 y 30.000.000 de hablantes, en su mayoría bilingües.

1 Vea la secuencia de vídeo (00:58:41–01:00:37) y diga qué lenguas aparecen mencionadas.

Watch the video sequence (00:58:41–01:00:37) and say which languages are mentioned.

2 Vea nuevamente la secuencia y señale si las siguientes frases son verdaderas o falsas.

Watch the video sequence again and say whether the following sentences are true or false.

	Verdadero	Falso
(a) Después de la llegada de la democracia la lengua catalana se ha reconocido pero no se ha potenciado mucho.	❑	❑
(b) La lengua gallega siempre se ha hablado, siempre ha estado ahí, en el ámbito familiar aunque no estaba reconocida.	❑	❑
(c) Existe un gallego normativo, de libro y un gallego que usa la gente del campo, menos basado en la norma escrita.	❑	❑
(d) El quechua sufrió una fuerte decadencia pero hoy en día se ha recuperado y prácticamente toda la población lo habla.	❑	❑

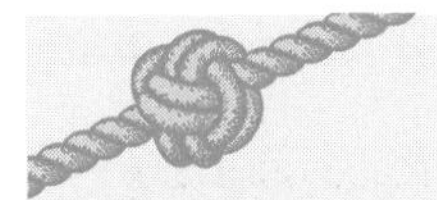

Atando cabos

More past participles used as adjectives

In the video, you have just heard the Catalan language described with the following adjectives:

> Entonces de, de estar en las catacumbas, prácticamente, pues a estar **autorizada**, **potenciada**... es **reconocida.**

These adjectives are in fact past participles functioning as adjectives; they modify the noun. Similarly, in the sequence about Galicia, the Galician language is described with a past participle that has the function of an adjective:

> Galicia tiene una lengua históricamente **reconocida**.

For more information on past participles, see *Actividad* 2.2.

3 Ahora escriba un pequeño párrafo de unas 50 palabras comparando la situación de las mujeres o la situación de las lenguas en contacto en su país con la de España. Use estas preguntas como guía:

Now write a short paragraph of approximately 50 words comparing the situation of women or of minority languages in your own country and in Spain. Use the following questions as a guide:

(a) Comparing the situation of women at work

- ¿Qué tipos de trabajos desempeñan las mujeres en su país?
- ¿Son iguales a los de España?
- ¿Hay algún otro trabajo que desempeñan las mujeres en su país y no en España?

(b) Minority languages

- ¿Qué lenguas se hablan?
- ¿Cuánta gente las habla?
- ¿Alguna de estas lenguas tiene status de lengua oficial?
- ¿Conoce personalmente a algún hablante de estas lenguas?

Pronunciación

Do the exercises in *Práctica 26* of your Pronunciation Practice Cassette and Booklet to practise pronouncing the letter 'd'.

Sesión 2 ¡Qué maravilla!

In this session you are going to listen to several audio extracts. People express their opinions and relive old memories.

Actividad 3.6

In this *actividad* you will listen to a 60-year-old person from Galicia talking about new values for the new generations.

1 Antes de escuchar el extracto piense en las cosas que cree usted que va a oír:

Before you listen to the audio extract make some predictions:

- ¿Qué espera usted oír con relación a la moral?
- ¿Piensa usted que a esta persona le gustan las costumbres de hoy en día o no?

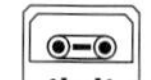

2 Escuche el Extracto 10 en la Cinta de actividades y marque si las siguientes frases son verdaderas o falsas:

Listen to Extract 10 on the Activities Cassette and tick whether the following sentences are true or false:

	Verdadero	Falso
(a) Galicia ha cambiado mucho.	❑	❑
(b) Lo que menos ha cambiado es la moral.	❑	❑
(c) Antes había una moral muy estricta, ahora no.	❑	❑
(d) Antes dar un beso a la novia o novio era poco importante.	❑	❑

llamar la atención
to stand out

3 Ahora vuelva a escuchar el Extracto 10 y preste especial atención a las expresiones que señalen la opinión del hablante. ¿Cuáles de las siguientes expresiones utiliza el hablante?

Now listen again to Extract 10 and pay attention to the phrases used to express the person's opinion. Which of the following does the person use?

(a) ¡Muchísimo! ❑

(b) ¡De ninguna manera! ❑

(c) ¡No estoy de acuerdo! ❑

(d) ¡Ahora eso ya no es nada! ❑

Actividad 3.7

Now you are going to listen to someone from Veracruz speaking nostalgically about his home town when he was younger.

1 Escuche atentamente el Extracto 11 en la Cinta de actividades. Hay tres razones por las que este veracruzano estaba muy satisfecho con el Veracruz de entonces. ¿Cuáles son?

Listen carefully to Extract 11 on the Activities Cassette. There are three reasons why this person was very appreciative of Veracruz at that time. What are they?

2 Vuelva a escuchar el extracto varias veces y preste atención a la opinión de agradecimiento y satisfacción que expresa esta persona. Complete las siguientes frases:

Listen to the audio extract a few more times and pay attention to how this person expresses appreciation. Finish the following sentences:

Veracruz... era una cosa ......

¡Fíjese usted qué ......!

3 Piense en otras palabras o expresiones que también expresen una opinión satisfactoria. Aquí tiene algunas estructuras para ayudarle.

Think of other words and expressions to indicate pleasure and appreciation. Here are some structures to help you.

¡**Me parece**... (muy bien)!

¡**Es**... (genial)!

¡**Qué**... (estupendo)!

Ejemplo

Me parece muy bien ➜ ¡Me parece genial!

Actividad 3.8

Atando cabos

Giving opinions

You probably already know different ways of expressing opinions, but here is a summary of the most common structures:

- parecer (me parece, te parece, le parece...) / a mi parecer

  México le parecía un país mágico.

- creer que / considerar que / pensar que / opinar que

  Yo creo que, afortunadamente, la mujer ha abierto caminos impresionantes.

  Yo considero que es muy bueno.

- para mí

  En fin, para mí ha mejorado en todos los sentidos.

- en mi opinión

It is time for you to practise expressing opinions. We can express opinions in writing, in a letter for example; however it is very common to have to express opinions orally.

1 Escuche el Extracto 12 en la Cinta de actividades y repita las frases con algunas expresiones para expresar opinión.

Listen to Extract 12 on the Activities Cassette and repeat the sentences with the expression of opinion given in the prompt.

Ejemplo

You hear *Las mujeres siguen sufriendo discriminación en muchos trabajos.*

You hear *Creo que...*

You respond *Creo que las mujeres siguen sufriendo discriminación en muchos trabajos.*

2 Ahora piense si está usted de acuerdo con las frases anteriores y anote sus propias opiniones sobre esos temas.

Now think about the sentences you've just listened to. Do you agree with them? Note your own opinions on them.

3 Apunte en su Diario todas estas expresiones y familiarícese con ellas.

Take notes in your Diario *of all these expressions and make sure you know them well.*

Sesión 3 ¡Qué disgusto!

In this session you are going to listen to *La gran noticia,* the fifth episode of the Audio Drama, and practise your listening, pronunciation and intonation skills. You will learn how to express surprise and displeasure.

Actividad 3.9

1 Escuche todo el Episodio 5 del radiodrama. ¿Cuál es la gran noticia?

Listen to the whole of Episode 5 of the Audio Drama. What is the big news?

2 Vuelva a escuchar el episodio y después lea el texto en la página siguiente que contiene información cierta y falsa sobre el episodio; extraiga la información correcta y cree con ella un nuevo párrafo.

Listen again to the episode and then read the text on the next page which contains true and false information about the episode, and put together a correct version of what happened.

El cartero trae una carta para Rosita. Dentro del sobre hay una hojilla con la confirmación del embarazo de Isabel. Rosita se da cuenta de que su madre está embarazada y no le gusta la idea. Isabel coloca la hojilla en la estantería del salón, debajo de un libro. Don Zacarías es muy curioso, busca el papel que ha escondido Isabel y lo encuentra. Rosita encuentra a su madre llorando en su habitación y la consuela. Cuando lee el papel don Zacarías piensa que es Rosita la que está embarazada y se enfada mucho. Don Zacarías decide marcharse a su pueblo. Al llegar Carlos, don Zacarías le dice que Rosita está embarazada. Carlos decide expulsar a Rosita de la casa. Rosita entra muy contenta en la casa, pero su abuelo y su padre están malhumorados y le dicen lo que saben. Carlos le dice a Rosita que no tiene vergüenza y que ha deshonrado a la familia. Rosita se echa a llorar y en ese momento entra Isabel que les explica a todos la verdad: ella es la que está embarazada.

Actividad 3.10

1 Escuche el Episodio 5 una vez más de 'En ese momento entra Rosita' a 'en este momento mismo llega su madre Isabel'. El tono de voz de los personajes varía mucho, de acuerdo a las emociones que expresan. Preste atención a esas variaciones.

Listen to Episode 5 once more from En ese momento entra Rosita *to* en este momento mismo llega su madre Isabel. *The characters' tone of voice varies a lot, according to the emotions they express. Pay attention to the different tones of voice.*

2 Lea ahora la transcripción del episodio y subraye las expresiones de sorpresa que encuentre.

Now read the transcript of this episode of the Audio Drama and underline all the expressions of surprise that you find.

3 Mire las viñetas de la siguiente página y escriba lo que usted diría ante tales situaciones. Para ayudarle aquí tiene algunas expresiones que puede utilizar. ¡Cuidado! Unas expresan satisfacción y otras disgusto. Acúerdese de usar los signos de exclamación o interrogación al principio y al final de la frase.

Now look at the cartoons opposite and write down what you would say in these situations. Here are some expressions to help you. Remember that when you write these expressions, you must use exclamation or question marks both at the beginning and at the end of the sentence.

¡Es un escándalo!

¡Parece mentira!

¡Qué raro!

¡Qué disgusto! ¡Qué horror!

¡Dios mío / santo! ¡Qué barbaridad!

¡Qué bien! ¡Qué alegría! ¡Qué maravilla!

¡Qué sorpresa! / ¡Vaya sorpresa!

¡No puede ser!

¿En serio?

(c)

(a)

(b)

(d)

Atando cabos

Expressions of displeasure and appreciation

Amongst the expressions you have just written there are some which are very common and can appear in any context to express displeasure:

¡Qué vergüenza!

¡Qué disgusto!

¡Qué barbaridad!

Other common expressions of displeasure are:

¡Qué desagradable!

¡Qué terrible!

¡Qué horrible!

Here are some to express appreciation:

¡Qué estupendo!

¡Qué genial!

¡Qué maravilla!

¡Qué alegría!

Note that ***¡Qué* + positive adjective / noun!** expresses appreciation, whereas ***¡Qué* + negative adjective / noun!** expresses displeasure.

HISPANOAMÉRICA

In many Spanish-speaking countries, the word *pieza* is used to mean *cuarto*.

Actividad 3.11

¡es el colmo!
it's the last straw!

When Don Zacarías thinks that Rosita is pregnant he gets upset.

1 Escuche el monólogo de don Zacarías en la Cinta del radiodrama (desde '¡Qué vergüenza!' hasta '¡Y así va el mundo!') y lea al mismo tiempo la transcripción. Escriba las frases que expresen disgusto.

Listen to Don Zacarías' monologue on the Audio Drama Cassette (from ¡Qué vergüenza! *to* ¡Y así va el mundo!*) and read the transcript at the same time. Write down the expressions of displeasure he uses.*

2 Aquí tiene una lista de otras frases que aparecen en este episodio para indicar disgusto. Escriba en español qué personaje las pronuncia y por qué está enfadado o disgustado.

Here is a list of other expressions of displeasure that appear in the episode. Write down who says each sentence and explain in Spanish why the character is upset.

(a) ¿Te has vuelto loco?

(b) ¡Esto es el colmo!

(c) A mí no me digas 'abuelito'.

(d) ¡Estáis locos!

(e) ¡Yo no quiero tila, ni nada!

Pronunciación

Do the exercises in *Práctica 27* of the Pronunciation Practice Cassette and Booklet to practise exclamations.

Unidad 4 Repaso

In this *unidad*, you will revise the work you have done so far in this book, such as talking about what people used to do in the past, describing people, places and objects in the past, comparing the past with the present, talking about how things have changed, expressing opinion, surprise, pleasure and displeasure.

Revision Objectives

In this *unidad* you will revise how to:

- Talk about habitual actions and descriptions in the past;
- Narrate past events;
- Talk about how things have changed;
- Understand and express opinion, surprise, pleasure and displeasure.

Key Revision Points

Sesión 1

- Using the imperfect tense to talk about habitual actions in the past.
- Comparing the past with the present.
- Describing people, places and objects in the past.
- Using past tenses.

Sesión 2

- Talking about how things have changed.
- Using *ya* and *todavía*.
- Using past participles as adjectives.
- Expressing opinion and satisfaction.
- Using *Qué* + adjective and other structures to express surprise.

Study chart

Activity	Timing (minutes)	Learning point	Materials
		***Sesión 1* Recuerdos del pasado**	
4.1	25	Comparing Mexico City in the past and the present	Activities Cassette
4.2	30	Descriptions of people and places in the past	
4.3	20	Comparing the past with the present	Audio Drama Cassette, Transcript Booklet
4.4	30	*Un día de éstos*: using past tenses	
		***Sesión 2* ¡Cómo han cambiado las cosas!**	
4.5	20	Using the perfect tense	Transcript Booklet
4.6	30	*¿Qué has hecho?* Explaining what you have and haven't yet done	Activities Cassette
4.7	15	Gramatikón: past participles	
4.8	30	Expressing opinions	
4.9	25	Expressing surprise and dissatisfaction	Activities Cassette

Sesión 1 Recuerdos del pasado

In this session you will revise describing people, objects and places in the past and comparing the past with the present. You will also work on Episode 5 of the Audio Drama.

Actividad 4.1

You are going to read about Mexico City and how it has changed since the 1970's.

1 Lea la información del texto y escriba oraciones comparando el presente y el pasado de la ciudad. Repase antes las expresiones temporales de contraste que aparecen en la unidad 2 y use tantas como pueda.

Read the information in the text and write sentences comparing Mexico City in the past and the present. Revise the expressions of time to contrast past and present that you learned in unidad 2 *and use as many as you can.*

Ejemplo

En 1976 México tenía doce millones de habitantes, en la actualidad tiene veinte millones.

Antes

México, tercera ciudad del mundo

- **Habitantes:** en 1976, 12 millones de personas.
- **Red metropolitana:** 39 kilómetros.
- **Alcantarillado:** 50 kilómetros.
- **Alumbrado público:** 150.000 farolas.
- **Policía:** 10.000 policías […].
- **Transporte público:** en 1981; 1.500 autobuses.
- **Vehículos privados:** en 1984, 1,3 millones.
- **Escolarización:** en 1980, el 4,1% de la población tenía estudios superiores.
- **Delincuencia:** 140.522 delitos en 1980.
- **Basura:** en 1982, 7.000 toneladas diarias

Ahora

México, primera ciudad del mundo

- **Habitantes:** 20 millones de personas.
- **Red metropolitana:** 178 kilómetros.
- **Alcantarillado:** 137 kilómetros.
- **Alumbrado público:** 350.000 farolas.
- **Policía:** 73.145 policías.
- **Transporte público:** 2.600 autobuses.
- **Vehículos privados:** 2,4 millones.
- **Escolarización:** el 14,1% tiene estudios superiores.
- **Delincuencia:** 218.599 delitos denunciados.
- **Basura:** 12.000 toneladas diarias.

(Adaptado de *El País semanal* 1.023 Número extra, 5 de mayo de 1996.)

2 En el Extracto 13 en la Cinta de actividades encontrará información sobre la Ciudad de México, extraída del artículo anterior. Escuche las oraciones y dé las cifras requeridas.

Extract 13 of the Activities Cassette contains some information on Mexico City based on the text in step 1. Listen to the extract and answer giving the figure in the prompt.

3 En el Extracto 14 en la Cinta de actividades tiene algunas oraciones con más información sobre la Ciudad de México. Escuche el extracto y construya las preguntas apropiadas para cada frase.

In Extract 14 of the Activities Cassette there is some more information about Mexico City. Listen and give the appropriate question for each answer.

Ejemplo

You hear En 1975 México tenía 12 millones de habitantes.

You say ¿Cuántos habitantes tenía México en 1975?

HISPANOAMÉRICA

There are various words relating to transport that are used in Mexico:

camión for 'bus';

estacionamiento for 'car park';

combis, *colectivos* or *peseros* for minibuses or large cars that travel within or between towns and collect and set down passengers where they require.

Actividad 4.2

1 En su juventud, Zacarías era un hombre muy apuesto. Aquí tiene unas frases en las que Rosita describe a su abuelo cuando era joven. Usted tiene que formular las preguntas que corresponden a cada respuesta.

When he was young, Zacarías was a very handsome man. Here you have some sentences from a description by Rosita of her grandfather when he was young. Provide the appropriate questions to prompt each sentence.

(a) Delgado y guapo, como toda la familia.

(b) Según me contó mi abuela, una persona muy trabajadora y simpática, aunque tenía un poco de mal genio, como ahora.

(c) Corto y liso.

(d) Camisa clara, pantalón oscuro y una chaqueta oscura también.

(e) Verdes claros, como los de mi padre.

2 Lea la postal que Zacarías mandó a su familia en 1948 desde México y luego reescriba en el pasado la descripción que hace Zacarías de la ciudad.

Read the postcard Zacarías sent to his family from Mexico in 1948 and then rewrite his description of the city in the past tense.

¡Hola!
¿Cómo estáis todos? Yo me lo estoy pasando estupendamente. La ciudad es maravillosa. Es muy tranquila y agradable. Se puede pasear sin prisas por las calles y hablar con la gente. Hay muchos mercados ambulantes donde se vende de todo, desde frutas y verduras hasta bicicletas. La ciudad no está tan llena de gente como Madrid, y apenas se escuchan ruidos. Además, la gente es muy amable, te da direcciones continuamente. Y la comida es riquísima, las tortillas de maíz, el guacamole. En fin, no tengo la menor intención de volver a España de momento. Mañana me voy al sur. Un abrazo muy fuerte

Zacarías

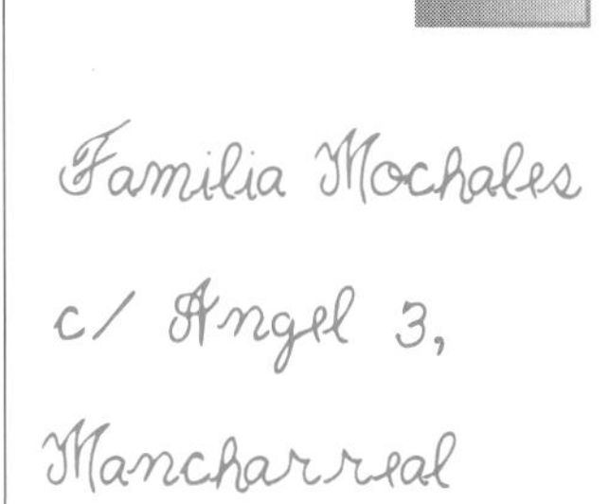
Familia Mochales
c/ Angel 3,
Mancharreal
España

HISPANOAMÉRICA

Maíz is part of the staple diet of all the countries in Spanish America. It is eaten in many ways: as a vegetable, made into bread (*tortilla*) or *chicha* (an alcoholic drink).

There are some words relating to food that have a different meaning in Spain and Spanish America:

tortilla type of bread made from maize (Mexico) omelette (Spain)

bocadillo sweet made of guava (Colombia, Venezuela) sandwich (Spain)

tinto small cup of black coffee (Colombia) red wine (Spain)

Actividad 4.3

1 Escuche una vez el Episodio 5 del radiodrama desde '¡Qué vergüenza!' hasta '¡Y así va el mundo!', donde se narra la reacción de Zacarías cuando cree descubrir que su nieta Rosita está embarazada, y responda a las siguientes preguntas en español:

Listen once to the extract of Episode 5 of the Audio Drama from ¡Qué vergüenza! *to* ¡Y así va el mundo!, *in which Zacarías believes he has discovered that his granddaughter is pregnant, and answer the following questions in Spanish:*

(a) Según Zacarías, ¿qué no hay hoy en día?

(b) Y ¿qué sí había antes?

(c) ¿Quién era algo sagrado antes?

(d) En cambio, ¿ahora qué ocurre?

2 Ahora vuelva a escuchar el extracto una vez más con la transcripción del mismo y haga una lista en dos columnas de todas las oraciones que usa Zacarías para referirse a cómo eran antes las cosas y cómo son ahora.

Now listen again to the extract with the transcript and make two lists of all the sentences used by Zacarías to talk about how things used to be and how they are now.

Actividad 4.4

You are going to read the first paragraph of a short story by the Colombian writer and Nobel Prize winner Gabriel García Márquez, entitled *Un día de éstos.*

1 Lea el párrafo a continuación y señale:

(a) los verbos que narran acontecimientos acabados y completos;

(b) los verbos que describen al dentista.

Read the paragraph below and indicate:

(a) the verbs that narrate completed actions;

(b) the verbs that describe the dentist.

UN DÍA DE ÉSTOS

El lunes amaneció tibio y sin lluvia. Don Aurelio Escovar, dentista sin título y buen madrugador, abrió su gabinete a las seis. Sacó de la vidriera una dentadura postiza montada aún en el molde de yeso y puso sobre la mesa un puñado de instrumentos que ordenó de mayor a menor, como en una exposición. Llevaba una camisa a rayas, sin cuello, cerrada arriba con un botón dorado, y los pantalones sostenidos con cargadores elásticos. Era rígido, enjuto, con una mirada que raras veces correspondía a la situación, como la mirada de los sordos.

amanecer to dawn
dentadura postiza false teeth
molde de yeso plaster mould
cargadores elásticos braces (for trousers)
enjuto lean, skinny

(García Márquez, Gabriel, *Los funerales de la Mamá Grande* 1980, pág. 19–20.)

2 Ahora vuelva a leer el párrafo **dos** veces más. Luego, sin mirarlo, complete las siguientes oraciones con los verbos que faltan:

Now read the paragraph ***twice*** *more. Then, without looking back at it, fill in the gaps in the following sentences with the missing verbs:*

(a) El lunes ...... tibio y sin lluvia.

(b) Don Aurelio Escovar, dentista sin título y buen madrugador, ... su gabinete a las seis.

(c) ...... sobre la mesa un puñado de instrumentos.

(d) ...... una camisa a rayas.

(e) ...... rígido, enjuto.

3 Aquí tiene los dos siguientes párrafos del cuento de Gabriel García Márquez con algunos huecos. Lea primero el texto para familiarizarse con él. Luego, complételo con el pretérito o el imperfecto de los verbos que aparecen en negrita entre paréntesis.

Here are the next two paragraphs of the story, with gaps. First read the text and make sure you understand it. Then fill in the gaps with the preterite or the imperfect of the verbs in bold in brackets.

fresa (dentist's) drill

sillón de resortes spring armchair

pedalear to pedal

gallinazo turkey buzzard

caballete ridge pole

destemplado, -da out of tune

UN DÍA DE ÉSTOS

Cuando (el dentista) ...... (**tener**) las cosas dispuestas sobre la mesa rodó la fresa hacia el sillón de resortes y se ...... (**sentar**) a pulir la dentadura postiza. Parecía no pensar en lo que ...... (**hacer**), pero ...... (**trabajar**) con obstinación, pedaleando en la fresa incluso cuando no se ...... (**servir**) de ella.

Después de las ocho (él) ...... (**hacer**) una pausa para mirar el cielo por la ventana y ...... (**ver**) dos gallinazos pensativos que se ...... (**secar**) al sol en el caballete de la casa vecina. (Él) ...... (**seguir**) trabajando con la idea de que antes del almuerzo volvería a llover. La voz destemplada de su hijo de once años lo ...... (**sacar**) de su abstracción.

Sesión 2 ¡Cómo han cambiado las cosas!

In this session you are going to revise the uses of the perfect tense, past participles used as adjectives and how to express opinions, pleasure and appreciation, displeasure and surprise.

Actividad 4.5

1 Lea la transcripción del Extracto 10 en el Cuadernillo de transcripciones y responda a las preguntas siguientes:

Read the transcript of Extract 10 in the Transcript Booklet, and answer the questions below:

(a) ¿Ha cambiado Galicia?

(b) ¿Qué ha cambiado en Galicia?

(c) ¿De qué extremo a qué extremo se ha pasado?

2 Ahora piense en una zona / ciudad / región que usted conozca bien y escriba un párrafo respondiendo a las siguientes preguntas:

Now think about a place you know well and write a paragraph about it, answering the following questions:

(a) ¿Qué cosas han cambiado en esa región / ciudad en los últimos años?

(b) ¿Qué costumbres han desaparecido?

(c) ¿Ha habido un cambio importante en la moral?

Actividad 4.6

1 Escuche el Extracto 15 en la Cinta de actividades donde vamos a escuchar la rutina de Isabel Domingo. Luego escuche el Extracto 16 donde va a formar frases en el pretérito perfecto sobre lo que ha hecho Isabel.

Listen to Extract 15 of the Activities Cassette, in which you hear about Isabel Domingo's routine. Then listen to Extract 16 to make up sentences about what Isabel has done using the perfect tense and following the prompts.

Ejemplo

Hacer llamadas.

Isabel ha hecho unas llamadas.

2 Ahora, escuche el Extracto 17 en la Cinta de actividades y reaccione al estímulo siguiendo el modelo.

Now listen to Extract 17 of the Activities Cassette and answer following the prompts.

Ejemplo

Escribir una carta al banco / sí.

Ya he escrito la carta al banco.

Actividad 4.7

Gramatikón, the virus which affects various aspects of Spanish grammar, has affected past participles this time.

1 En el primer texto el Gramatikón ha creado un problema de concordancia (género y número) con los participios que funcionan como adjetivos. Corrija los siete errores que aparecen en el texto.

In the text below Gramatikón has caused an agreement problem (gender and number) with past participles which function as adjectives. Correct the seven mistakes in the text.

Don Quijote de la Mancha

Miguel de Cervantes es uno de los escritores españoles clásicos más conocida. Escribió una de las obras maestras de la literatura española, *Don Quijote de la Mancha*, reconocidas por muchos como la primera novela moderna. Esta obra fue escrito a principios del siglo XVII y refleja, entre muchas otras cosas, el conflicto entre la realidad y la fantasía. Don Quijote, obsesionadas por convertirse en un caballero andante después de leer tantas novelas de caballerías, pierde el contacto con la realidad. Sancho Panza, su sirviente, convertidos en su alterego, guiará sus pasos por los caminos de la Mancha. Hecho esta presentación, hay que decir que *Don Quijote* es una novela estupenda y ha sido traducidas a muchísimas lenguas.

2 En el segundo texto el virus ha alterado el orden de las letras de los participios irregulares. Corrija los seis errores que aparecen en el texto.

In the second text the virus has jumbled the letters of irregular past participles. Correct the six errors in the text.

Carta de un amante de los libros

He cohid muchas veces a mis amigos que no hay mejor placer que leer un buen libro. He pensado mucho en esta frase y he llegado a la conclusión de que después de haber otsiv muchas maravillas de la naturaleza, nada se compara a un libro. Leyendo libros yo he hohce incontables viajes por todos los continentes, he sentido el calor y el frío y he tovule a mi casa, a mi habitación con la seguridad de haber recorrido el mundo. Después de que he aertobi las páginas de un libro me siento preparado para un nuevo viaje. Debo confesar que adoro las bibliotecas. He esotup en mi habitación unas estanterías donde conservo lo que yo llamo 'obras esenciales'.

Actividad 4.8

1 Lea esta carta de una lectora dirigida al director de un periódico. ¿Sobre qué tema da su opinión esta persona? Responda en inglés.

Read this letter, sent to a newspaper editor. What is the writer giving an opinion on? Answer in English.

Les escribo en relación al artículo sobre las mujeres directivas publicado la semana pasada en su periódico. Opino que es muy importante el que cada vez sean más y más las mujeres en puestos de dirección pero no estoy de acuerdo en que sea ése el camino al que aspiramos todas las mujeres. Me parece estupendo que cada vez se vayan abriendo más oportunidades para las mujeres, pero, a mi parecer, no es necesario conseguir un puesto de mando para poder desarrollar una actividad profesional de acuerdo con nuestros intereses. Evidentemente me alegra saber que ahora también podemos tener jefas, directoras generales, encargadas y no solamente jefes, directores generales y encargados. En cualquier caso, para mí, lo más importante es el hecho de trabajar, cualquier tipo de trabajo. Lo que considero de verdad esencial es que la mujer sea independiente económicamente. A partir de ahí se producirá la verdadera liberación de la mujer.

Isabel Domingo Lorca (Murcia)

2 Después de releer la carta, escriba usted todas las expresiones de opinión que haya encontrado.

Reread the letter and write down all the phrases to express opinion that you have found.

3 ¿Hay alguna de estas expresiones de opinión que también exprese satisfacción? Anótelas aquí y escriba una frase con cada una de ellas.

Do any of these expressions convey the idea of pleasure or approval as well? Write a sentence using each one you find.

4 ¿Está usted de acuerdo con las opiniones de Isabel Domingo Lorca? Escriba usted ahora una carta corta (unas 80 palabras) reaccionando a la carta de Isabel y manifestando sus propias opiniones sobre el tema.

Do you agree with Isabel's opinions? Send a letter of about 80 words to the same newspaper, responding to Isabel and giving your own opinions on the subject.

Ejemplo

Escribo en relación con la carta de Isabel Domingo aparecida en su diario recientemente. Estoy totalmente de acuerdo con ella…

Pienso que…

Para mí, es fundamental…

Además, me parece…

Actividad 4.9

1 Escuche el Extracto 18 en la Cinta de actividades en el que varias personas reaccionan ante diferentes situaciones. Escuche el extracto tantas veces como sea necesario y después diga si las frases expresan satisfacción o disgusto.

Listen to Extract 18 on the Activities Cassette, in which several people react to different situations. Listen to the extract as many times as necessary and then say whether the sentences express approval or disapproval.

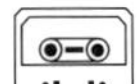

2 Escuche las frases del Extracto 19 en la Cinta de actividades y reaccione con frases que expresan sorpresa.

Listen to Extract 19 on the Activities Cassette and react using phrases to express surprise, following the prompts.

Resumen gramatical

Revision of the imperfect tense (Actividades 1.1, 1.6, 1.8, 2.1, 2.6, 2.8, 2.9 and 2.11)

Remember that the imperfect of regular verbs is formed by adding the following endings to the roots of the verb:

-ar: -aba, -abas, -aba, ábamos, -abais, -aban

-er and -ir: -ía, -ías, -ía, -íamos, -íais, -ían

The irregular verbs are *ser*, *ir* and *ver*:

Ser	Era, eras, era, éramos, erais, eran
Ir	Iba, ibas, iba, íbamos, ibais, iban
Ver	Veía, veías, veía, veíamos, veíais, veían

Use	Example
To talk about habitual actions in the past	En esa época estudiaba 19 horas diarias
To describe people, objects and places in the past	Era gente muy luchadora, muy prendida a la tierra
To contrast the past with the present	Hace unos años los escritores escribían a máquina, ahora escriben en ordenador
To describe the circumstances in which an action took place	La abuelita estaba descansando

Expressions of time to contrast past and present (Actividad 1.6)

antes

ahora

(por) entonces

hoy, hoy en día

en esa / aquella época

en esos / aquellos tiempos

en estos momentos

en los años cincuenta, sesenta

en la actualidad, actualmente

hace (5, 10, 20) años, meses, semanas

en el momento presente

antiguamente

en nuestros días

The perfect tense (Actividad 1.9)

	hablar	comer	vivir
yo	he hablado	he comido	he vivido
tú	has hablado	has comido	has vivido
él, ella; Ud.	ha hablado	ha comido	ha vivido
nosotros, -as	hemos hablado	hemos comido	hemos vivido
vosotros, -as	habéis hablado	habéis comido	habéis vivido
ellos, ellas; Uds.	han hablado	han comido	han vivido

Use	Example
To talk about a very recent past event (Castilian Spanish)	Hoy he desayunado café con leche
To talk about past events that happened in a period of time that hasn't yet ended	La directora de la editorial Púrpura no ha contestado todavía
To talk about events in the past that are linked with the present	La industria de congelado ha tenido también un desarrollo muy interesante

Irregular past participles (Actividad 2.2)

decir dicho   poner puesto

hacer hecho   volver vuelto

ver visto   abrir abierto

escribir escrito

Past participles used as adjectives (Actividad 2.2)

trabajar	trabajad**a**	trabajad**o**	trabajad**as**	trabajad**os**
comer	comid**a**	comid**o**	comid**as**	comid**os**
vivir	vivid**a**	vivid**o**	vivid**as**	vivid**os**

Relative clauses (Actividad 2.6)

Restrictive relative clauses

These give essential information for the meaning of the sentence:

Que Era gente **que** hablaba más, **que** dialogaba más.

Non-restrictive relative clauses

These give extra information that is not essential and does not restrict the meaning:

Cuando En aquella época, **cuando** la moral era muy rígida, las mujeres casi no salían por la noche.

Quien Rosalía de Castro, **quien** escribía en gallego, era una escritora muy conocida.

Donde Santiago, **donde** hay mucha vida estudiantil, está al suroeste de Galicia.

Verbs and expressions of opinion (Actividades 3.7, 3.8 and 3.9)

opinar		
creer		en mi opinión
considerar	+ que	a mi parecer
pensar		para mí
me parece		

Expressions of approval, disapproval and surprise (Actividades 3.10 and 3.11)

Me parece (muy) bien, estupendo, genial

Es genial, fantástico, excepcional, excelente, maravilloso

¡Qué bien!	¡Qué vergüenza!
¡Qué estupendo!	¡Qué disgusto!
¡Qué maravilla!	¡Qué horror!
¡Vaya sorpresa!	¡Dios mío / santo!
¡Parece mentira!	¡Qué barbaridad!
¡Qué raro!	¡Qué desagradable!
¡No puede ser!	¡Qué terrible!
¿En serio?	¡Qué fastidio!
	¡Qué rabia!
	¡Qué mal!

Vocabulario

Industria pesquera
el puerto (pesquero)
la pesca
el pescador
los congelados
el pescadero
la flota pesquera
el barco
la embarcación
el desembarco
la industria pesquera
la captura
la harina de pescado
la riqueza marina
la red
el sector pesquero
la conserva

Pescado
el marisco
el cangrejo
el calamar
la sardina
la anchoveta / anchoa
la merluza
el bacalao
el atún
el pez espada

Mundo laboral y comercial
comprar
vender
repartir (cartas)
el sueldo
entrar a trabajar
salir de trabajar
la economía
el paro / desempleo
exportar
importar
la exportación
la importación
el comercio
el consumo
el consumidor
consumir
la demanda interna
la demanda externa
el Producto Interior Bruto (PIB)
la producción
producir

Tiendas
la pastelería
la zapatería
la sombrerería
la cristalería
la librería
la carnicería
la carpintería
la charcutería
el quiosco de prensa

Profesiones
el / la pescador, -ra
el / la político, -ca
el / la director, -ra general
el / la quiosquero, -ra
el / la cartero, -ra
el / la escritor, -ra
el / la enfermero, -ra
el / la médico, -ca
el / la taxista
el / la ingeniero, -ra
el / la juez, -za
el / la arquitecto, -ta
el / la criado, -da
el / la empleado, -da
el / la dependiente, -ta
la policía
el policía

Arquitectura y urbanismo
el edificio
la construcción
la fachada
el tejado
el concreto
el hormigón
el estilo (neo)clásico
el estilo moderno
la residencia
el habitante
el transporte público
el vehículo
la farola
la basura

Lenguas
catalán
gallego
euskera
español / castellano
gaélico
galés
quechua
aymará
náhuatl
guaraní

Clave

Unidad 1

Actividad 1.1

1 seaport *el puerto*

fishing *la pesca*

economic activities *las actividades económicas*

fish *el pescado, el pez*

to export *exportar*

market *el mercado*

agriculture *la agricultura*

source of wealth *la fuente de riqueza*

traditional fishing *la pesca artesanal / pesca tradicional*

land *la(s) tierra(s)*

seafood *el marisco*

2 (a) Se distribuye por toda España y también se exporta al extranjero.

(b) Los hombres se dedicaban a la pesca.

(c) Las mujeres trabajaban la tierra.

(d) Hoy en día, muchas mujeres trabajan en el puerto vendiendo pescado fresco y marisco en el mercado.

(e) No, era la comida de los pobres.

(f) Hoy el marisco es lo más cotizado y caro del mercado.

3 Here is the complete text, with the answers in bold.

La pesca en Galicia siempre fue en un principio bastante artesanal y entonces eso se **complementaba** con la agricultura, **había** un trabajo del hombre, por ejemplo, que **trabajaba** en la pesca artesanal y la mujer **trabajaba** las tierras. Tradicionalmente, en Galicia, los hombres se **dedicaban** a la pesca y las mujeres **trabajaban** la tierra.

4 Here is a model of what you could have written:

Antes la principal actividad económica de mi ciudad era la industria de manufacturas. También había una fábrica de coches, pero cerró hace ocho años. Se fabricaba principalmente ropa deportiva y calzado, aunque también había una fábrica de lavadoras y frigoríficos. Estos productos se vendían en Gran Bretaña y algunos se exportaban, sobre todo a Alemania y Estados Unidos. Los hombres y las mujeres trabajaban en las mismas fábricas. Los hombres hacían principalmente el trabajo de producción y las mujeres eran en general secretarias y personal administrativo. Mi padre y mi madre trabajaban en la fábrica de lavadoras.

Actividad 1.2

1 (a) Se consumen 48 kg de pescado al año.

(b) Se exporta 310.000 miles de toneladas de pescado.

(c) En el sector pesquero español trabajan 485.000 personas.

(d) El sector pesquero representa el 1,06% del PIB.

(e) Hay 159 barcos que se dedican a la pesca del bacalao.

3 cod *bacalao*

squid *calamar*

tuna *atún*

swordfish *pez espada*

hake *merluza*

anchovy *anchoa*

Actividad 1.3

1 Here are details of some personalities from Spanish history:

(a) **Francisco Franco** established a dictatorship in 1939 which lasted until his death in 1975.

(b) **Juan Carlos I** became king in 1975 when the monarchy was reinstated and is highly respected in Spain for his contribution to the country's transition to democracy.

(c) **Adolfo Suárez** was the first Prime Minister (*Presidente del Gobierno*) of the new democratic period from 1975.

(d) **Felipe González**, leader of the socialist party (*Partido Socialista*) was elected Prime Minister (*Presidente del Gobierno*) in 1982 and remained in power until 1996.

2 (a) Verdadero.

(b) Falso. (Aznar estudiaba **19** horas todos los días.)

(c) Verdadero.

(d) Falso. (Aznar **no** tenía muchas inquietudes políticas por aquel entonces. *The key phrase from the text is* se limitaban.)

(e) Verdadero.

3 Here are the verbs in the imperfect you should have found:

- To express habits / repeated actions: *pasaba, querían, se pasaba, estudiaba, me encerraba, dormía, comía, seguía estudiando, hacía, hacía, ultimaba, esperaba, llamaba.*
- To describe physical, mental or emotional states: *aparecía, resultaba, eran, se limitaban, se identificaba, recibía, preocupaba.*

4 This is how you could have rewritten the paragraph:

> Todos los días **acostumbraban a** ser iguales. Por las mañanas **solía** encerrarse en la buhardilla a estudiar hasta las dos y cuarto. A esa hora, antes de comer, **acostumbraba a** dormir tres cuartos de hora. Después, **solía** comer y **acostumbraba a** seguir estudiando hasta bien entrada la noche. En ese momento **solía** hacer un receso para ir a ver a Ana.

In this exercise, you can use *soler* and *acostumbrar* interchangeably. The important thing is to use the imperfect tense and the appropriate structure: *soler* + infinitive, *acostumbrar* + *a* + infinitive.

5 These are the adverbs and expressions of frequency used in the text: *todos los días, por las mañanas, siempre.*

Note that *todos los días* is used as the subject of a sentence in the text, though it can also be used as an adverb.

Actividad 1.4

This is a model of what you could have written:

> Me levantaba pronto por la mañana. Normalmente mi madre me preparaba el desayuno. Todos los días venía a recogerme el autobús del colegio. En el colegio hacíamos una siesta después de comer en unas hamacas y escuchábamos música. Por la tarde terminábamos el colegio a las cinco y mi hermano me venía a buscar. Por lo general, los fines de semana nos íbamos al pueblo de mi padre y volvíamos el domingo por la noche. Yo siempre me dormía en el coche.

Actividad 1.5

1 You might have thought of many occupations that are disappearing, such as:

ironmonger, tailor/dressmaker, rag and bone man, etc.

2 You should have answered that *los arrieros* don't exist any more*: los arrieros eran la gente de camino (...) con todo eso acabaron...*

3 (a) Lo que acabó con los arrieros fueron los medios de comunicación, la televisión, la informática.

(b) La actitud del hablante es que no le gustan mucho esos cambios.

(c) Esta actitud se nota en el tono de voz nostálgico en frases como: 'aquellos carros antiguos de madera, ¡célticos!'.

Actividad 1.6

1 This is the vocabulary you could have predicted*: quiosco, prensa, oficio, diarios, clientes, cabecera, revistas, páginas, vender, ejemplares, comics, noticias, productos, fascículos, colecciones (de vídeo).*

2 Here is the completed table:

Antes	Ahora
Vendíamos más prensa extranjera	Sólo hay clientes fijos para determinadas cabeceras
Muchos españoles querían leer en ella (prensa extranjera) lo que no podían encontrar en los diarios españoles	Muchos jóvenes no se acercan a la prensa
Llegaba la policía y le obligaba (a uno) a retirar una revista	Lo que aguanta son las (revistas) de coches
Cuando llegaba la policía retiraba la revista	Se notan menos las grandes noticias
Siempre había ejemplares en la retaguardia para los clientes conocidos	Hay productos insólitos 10 años atrás

Actividad 1.8

1 Antes los carteros conocían a todo el mundo. Llevaban las cartas en **una cartera de cuero** y a veces debajo de **los brazos**. En aquella época tampoco había buzones en las casas y los carteros tenían que llamar con un silbato y los vecinos iban a buscar **las cartas**. Ahora todo es diferente, es más impersonal, pero más cómodo. Hoy en día los carteros llevan un 'carrito' y dejan las cartas en **la portería.**

En los años sesenta el médico era una persona más de la familia. Cuando alguien caía enfermo venía el médico a casa. Siempre era muy amable y hablaba muy bajito. Llevaba **un maletín negro** donde guardaba una pequeña linterna para mirar **la garganta** y un estetoscopio para escuchar **los sonidos** de mi cuerpo. Ahora, en cambio, soy yo la que tengo que ir al médico y tengo que esperar en una **sala de espera** llena de gente que no conozco.

2 This is an example of what you could have written*:*

Soy enfermera en un hospital público en el centro de Santiago de Compostela. Antes la sanidad pública tenía menos dinero y las enfermeras tenían que trabajar más de 70 horas semanales. Por aquel entonces, había unas listas de espera larguísimas. Lo peor eran las tareas administrativas. Por suerte, ahora las cosas han mejorado. Hoy en día hay más salas y más camas para pacientes, las listas de espera no son tan largas y además, las nuevas tecnologías permiten curar mejor y antes a los pacientes.

Actividad 1.9

1 (a) A seaport.

(b) Anchovies.

(c) Men working at sea and in the boats and some men and women working in a fish canning plant. Finally, you can see how the tinned fish is transported to be sold.

(d) In the last scene you can see different types of tinned fish and plates of fish and seafood.

2

(i) Después de la Segunda Guerra Mundial	(c) Se comercia la captura de las ballenas
(ii) En la década del cincuenta	(b) Se produce aceite y harina de pescado
(iii) En la década del sesenta	(d) Perú se convierte en el primer exportador de aceite y harina de pescado
(iv) En la década del setenta	(a) La industria pesquera peruana colapsa

3 (a) En los últimos años el cambio más interesante se ha producido en la industria de congelados.

4 The perfect tenses are in bold:

(a) La industria pesquera en Perú **ha atravesado** una serie de cambios importantes en los últimos años.

(b) Los peruanos **han explotado** nuevas especies para la exportación.

(c) La industria de congelados **ha tenido** un desarrollo espectacular en los últimos años.

(d) Alemania siempre **ha consumido** merluza peruana.

Actividad 1.10

Acróstico 1

1 **P**RENSA
2 CA**R**TERO
3 P**O**LICÍA
4 EN**F**ERMERA
5 M**E**DICO
6 **S**ECRETARIA
7 ADM**I**NISTRACIÓN
8 QUI**O**SQUERO
9 CE**N**SURA
10 SU**E**LDO
11 OPO**S**ICIONES

Acróstico 2

1 **P**UERTO
2 **E**MBARCACIÓN
3 **S**ECTOR
4 **C**APTURA
5 **A**TÚN

Unidad 2

Actividad 2.1

1 Here are some parts of a house you might have remembered: *salón, comedor, habitación / cuarto, dormitorio, lavabo, baño, cocina, jardín, patio, terraza, balcón, estudio, buhardilla, sótano.*

2 This is how you should have matched the drawings with the different parts of the house:

4 (a) Verdadero.

(b) Falso. (*Podemos ver construcciones de pirámides hechas hace 1.500 años y están perfectas... Y podemos ver casas construidas hace 30 años que ya tienen problemas, que se están cayendo.)*

(c) Verdadero.

(d) Verdadero.

(e) Falso. (*... lo que la ingeniería actual ha hecho es tratar de hacer la construcción más rápido y más barata pero no mejor.)*

(a) edificio

(b) ladrillo

(c) varillas

(d) fachada

(e) tejado

(f) escalera

(g) hormigón / concreto

5

Edificios antiguos	Edificios modernos
Old houses lasted a long time. (*Antes las casas antiguas debían durar muchos años.*)	Modern houses last 50 years. (*Ahorita las casas están calculadas para que duren 50 años.*)
Old houses move in earth tremors and aren't damaged. (*Las casas antiguas se mueven con el temblor y no les pasa nada.*)	Modern buildings are rigid and fall down in earth tremors because they don't move with the tremor. (*Los edificios modernos, tan rígidos con concreto, con varillas, se caen, porque no tienen ese movimiento.*)
400-year-old buildings built by the Spaniards are perfect. (*Podemos ver edificios que han durado 400 años, hechos por los españoles y están perfectos, como si los hubieran hecho hace un año.*)	We have problems when modern materials are added. (*Tenemos graves problemas cuando se han tratado de hacer intervenciones con materiales modernos.*)
1500-year-old buildings are perfect. (*Podemos ver construcciones hechas hace 1.500 años y están perfectas.*)	Houses built 30 years ago are falling down. (*Y podemos ver casas construidas hace 30 años que ya tienen problemas, que se están cayendo.*)

Actividad 2.2

1 These are the perfect tenses that you should have identified in the transcript: *se han tratado, ha ido, han durado, ha hecho, ha cambiado.*

2 Here are the sentences with the past participles in bold:

(a) El ingeniero ha **dicho** que los edificios modernos son muy rígidos.

(b) Yo no he **visto** todavía las pirámides prehispánicas de México.

(c) Hemos **escrito** a la Oficina de Turismo de México para recibir información.

(d) Los cristales de esas casas se han **roto** con el temblor.

3 Here are the past participles you should have found: *hechos – edificios; hechas – pirámides (dos veces); construidas – casas; calculadas – casas.*

4 This is how you should have read the sentences:

(a) Este edificio fue **construido** en el siglo pasado.

(b) Fue diseñado por dos arquitectos muy **conocidos.**

(c) Ahora las casas están **calculadas** para que duren muy poco.

(d) Los cristales estaban todos **rotos** tras el terremoto.

(e) La Oficina de Información estaba **cerrada** cuando llegamos.

Actividad 2.3

1 Here are the two diaries in the correct order:

El arquitecto

(a) Hoy hemos tenido otra reunión con el alcalde para decidir qué se hace por fin con el nuevo edificio del Ayuntamiento.

(d) El jefe de proyecto y yo hemos discutido los nuevos planos con él durante horas.

(f) El alcalde quiere construir un edificio de estilo neoclásico, de piedra, sólido y resistente. Piensa que los edificios modernos se caen en dos días.

(m) Por nuestra parte, hemos insistido en que lo mejor es combinar la solidez de la piedra con un estilo vanguardista y moderno.

(k) Al final no hemos llegado a ningún acuerdo y nos volvemos a reunir con él pasado mañana.

(j) Cuando he vuelto a casa me he encontrado con un mensaje del presidente de la compañía. Me había olvidado completamente del asunto del nuevo aeropuerto de Soria.

(n) Mejor que ahora me vaya a la cama que mañana vienen los del sindicato de transportes y tengo que estar bien descansado.

El alcalde

(e) ¡Qué día! Otra reunión con el pesado del arquitecto y el jefe de proyecto para ver qué pasa con el nuevo Ayuntamiento.

(b) Ya les he dicho claramente que queremos un edificio neoclásico, de los de siempre, robusto y duradero.

(c) Parece que no quieren entender lo que queremos. No vamos a tener nuevo Ayuntamiento ni para el siglo que viene.

(h) Además, el último Ayuntamiento que construyeron, tan moderno y extravagante, se está cayendo a cachos.

(g) Después, por si fuera poco, he tenido que aguantar otra reunión con la asociación de comerciantes. Siempre están quejándose de los impuestos municipales. No sé de qué se quejan, si ganan más que nadie.

(l) En fin, que dentro de dos días tengo que volver a reunirme con los dos. Si no aceptan nuestras ideas, cambiamos de arquitecto y se acaba el problema.

(i) Al final he vuelto a casa con un tremendo dolor de cabeza y con ganas de dejar la alcaldía.

2 This is what your diary could look like:

miércoles, 9 de junio de 1999

Hoy me he levantado un poco tarde, a las diez. Me he dormido. Pero no tenía que ir a trabajar. Así que he salido de casa a las doce y he ido al centro a hacer unas compras. Estaba en una librería cuando de repente he visto a Susana. ¡Qué sorpresa! Hacía años que no la veía. Hemos ido a comer juntas. He vuelto a casa bastante tarde. Al llegar, he encontrado en el contestador automático un mensaje de Gerardo. Mañana tengo que llamarle para arreglar ese asunto. Ahora estoy muy cansada y me voy a dormir.

Cristina Mardomingo

Note that a non-Castilian speaker would use the preterite rather than the perfect to refer to events in the immediate past.

Actividad 2.4

1 Here are the names of some common shops: *panadería, frutería, carnicería, pescadería, droguería.*

2 The names of shops that appeared in the text are: *sombrererías, librerías, zapaterías, pastelerías, mercerías.*

3 Here is the completed table:

Sustantivo	Tienda	Oficio
libro	librería	librero, -ra
sombrero	sombrerería	sombrerero, -ra
pastel	pastelería	pastelero, -ra
zapato	zapatería	zapatero, -ra
cristal	cristalería	cristalero, -ra
pescado	pescadería	pescadero, -ra

4 The generic term is *gorro.*

Actividad 2.5

1 Here are some advantages and disadvantages of big department stores and supermarkets that you could have mentioned:

Ventajas

es más cómodo

los productos son más baratos / asequibles

Desventajas

hay menos comunicación personal

hay que ir en coche

la calidad es peor

los dependientes no son amables

2 Here is an example of what you could have said. Notice the use of past tenses, the perfect and the imperfect.

Las cosas han cambiado mucho en cuanto a los pequeños comercios tradicionales. Ahora existen los grandes almacenes y supermercados que venden de todo. Esto es más cómodo para el cliente, pero también tiene sus inconvenientes. Antes las tiendas estaban al lado de casa, ahora hay que ir en coche a la mayoría de ellas. La calidad era mejor y los dependientes eran más amables. Sin embargo, los productos eran más caros. Actualmente, los precios son más asequibles, pero en cambio hay menos comunicación personal con los dependientes. Por otra parte, ahora se pueden mirar los productos con más tranquilidad y decidir sin prisas; antes el dependiente te los enseñaba.

Actividad 2.6

1 This is an account of Lilí Álvarez's life when she was young. Yours may be very different but make sure that you have used the imperfect tense correctly:

Lilí Álvarez era una mujer delgada, simpática. Era una profesional del deporte. Practicaba el tenis, el automovilismo y el esquí. También viajaba mucho por Europa a diferentes torneos y competiciones. Era una persona muy religiosa, aunque un poco rebelde. Era feminista y en la época franquista escribía sobre catolicismo y feminismo.

2 Tiene un buen recuerdo. Tiene una actitud de admiración.

3 Here are the complete sentences, with the missing information in bold:

(a) Era gente **muy luchadora**.

(b) Era gente **muy prendida a la tierra**.

(c) Pensaba **mucho sobre la vida** y sobre la muerte.

(d) Hablaba **mucho**.

(e) Dialogaba **más**.

(f) Tenía **unas normas de conducta** mucho más respetuosas que las nuestras.

4 (a) Éste es el cura **que** casó a mis abuelos.
  (b) Ésta es la casa **que** se compraron cuando se casaron.
  (c) El anciano **que** viste ayer en el bar es el hermano de mi abuela.
  (d) Y las chicas **que** están detrás son mis tías.
  (e) Ésta es la foto **que** te quería enseñar.

Actividad 2.7

1 En mayo de 1968, **cuando** hubo la manifestación estudiantil en París, cambió el pensamiento del mundo.

2 Woodstock, **donde** se concentraban miles de jóvenes en los años 60, fue el primer concierto multitudinario.

3 Martin Luther King, **quien** ganó el Premio Nóbel de la paz, desempeñó un papel muy importante en el 68.

4 Mary Quant, **quien** impuso la minifalda, creó una revolución en la moda.

5 En la plaza de las Tres Culturas en México DF, **donde** se concentraron los estudiantes en protesta, hubo una gran matanza.

6 Joan Manel Serrat, **quien** quiso cantar en Eurovisión en catalán, es uno de los representantes de la canción protesta más conocidos del mundo.

Actividad 2.9

1 The following are the sentences that you should have chosen:
  (b) Había discos tirados por el suelo.
  (d) Xavier tenía una alfombra de dibujos.
  (e) Sobre la mesa se podían ver libros y revistas amontonados.
  (f) El tocadiscos era viejo y anticuado.

2 Here are some model sentences:

A Xavier no le gustaba hacer la cama.

Le encantaba leer y escuchar música.

Odiaba ordenar su habitación.

Le gustaba mucho fumar.

Le interesaba el arte moderno.

Actividad 2.11

1 The story is *Caperucita roja* / Little Red Riding Hood.

2 Here is the complete text with the verbs in bold:

> « Pues si vas por este sendero, vas a llegar antes » dijo el malvado lobo, que se **fue** por el camino más corto. El lobo **llegó** primero a la casa de la abuelita. Cuando **entró**, la abuelita **estaba** descansando en la cama. Cuando **vio** al lobo se **asustó** mucho y **trató** de huir, pero el lobo se **lanzó** sobre ella y se la **comió**. Luego se **vistió** con su ropa y se **metió** en la cama a esperar a Caperucita.

Actividad 2.12

1

¿Qué pasaba?	¿Qué pasó?
Hacía un tiempo horrible	Cogió un taxi hacia el aeropuerto
Llovía	Se dejó la maleta en el suelo
Estaba en el vuelo de Oslo	Cogió el avión
Hacía muchísimo frío	Cambió dinero
Estaba nevando	Fue a la tienda de ropa
Llevaba ropa de verano	Compró ropa de invierno
La puerta estaba abierta	Vio un gran desorden

2 Here is a model of what you could have written:

31 de julio de 1999

Querido Raúl:

¿Qué tal estás?

Te estarás preguntando cómo me fueron las vacaciones. Pues te lo voy a explicar.

El primer día hacía un tiempo horrible. Cogí un taxi hacia el aeropuerto y al llegar al aeropuerto me dejé la maleta en la acera. Además, cuando estaba en el avión, me di cuenta que estaba en el vuelo hacia Oslo. Cuando llegué a Oslo hacía muchísimo frío y estaba nevando. Como llevaba sólo ropa de verano, cambié dinero y compré ropa de invierno. Cuando volví a Madrid hacía un tiempo precioso, mucho calor y sol. Pero lo peor de todo fue que cuando llegué a casa estaba la puerta abierta y todo patas arriba. ¡Me habían robado mientras estaba de vacaciones!

¡Qué mala suerte!

Un cariñoso saludo de tu amigo,

Felipe

Actividad 2.13

The paragraphs should go in the following order: (a), (c), (b), (f), (g), (d), (e), (i), (h).

Unidad 3

Actividad 3.1

1 (a) Sí, ha cambiado en los tres sitios.

(b) Todos han sido cambios positivos.

2 Here are the perfect tenses that you should have given: *ha cambiado, han sido, se ha notado, ha mejorado.*

3 The speaker says that the situation has changed a lot: *Cambió mucho.*

4

Galicia	Cataluña	Perú
Sociedad Infraestructuras Forma de pensar Incorporación de la mujer al trabajo Otros trabajos Otros sectores	Política, democracia Urbanismo Cultura	Fin del terrorismo ('el terrorismo ya acabó')

5 This is what you could have written:

(a) Sí, la sanidad ha cambiado / cambió bastante. Ahora hay más listas de espera.

(b) Sí, porque hay mejores máquinas e instrumental en los hospitales.

(c) Sí, la educación ha cambiado / cambió. Parece que los resultados no son muy buenos.

(d) La economía ha mejorado / mejoró bastante.

(e) El nivel de desempleo ha bajado / bajó. El paro es uno de los más bajos de Europa.

(f) Sí, el tipo de industrias ha cambiado / cambió. Hay menos industrias pesadas (metalúrgicas) ahora.

Actividad 3.2

1 You might have predicted sentences like these:

- Hoy las mujeres tienen otra manera de pensar.
- Recientemente la mujer se ha incorporado al trabajo.
- Ahora las mujeres hacen trabajos mejor pagados.
- Antes la sociedad marginaba a la mujer, ahora ya no.

2 Here are sentences you could have written, based on the video:

(a) Antiguamente las mujeres hacían las faenas de casa, tenían hijos y los criaban.
Actualmente la mujer ha cambiado: trabaja fuera de casa.

(b) En otra época estudiaban muy pocas mujeres.
En estos momentos en muchos lugares hay más estudiantes femeninas que masculinos.

(c) Anteriormente la mujer sólo se dedicaba al hogar: a trapear o limpiar.
En la actualidad es una mujer intelectual.

(d) Antes la mujer estaba acostumbrada a estar en casa, a cuidar a los hijos.
Hoy en día la mujer ha abierto caminos impresionantes para poder salir adelante y desarrollar una vida profesional.

Actividad 3.3

1 (a) Ya ha leído la documentación.

(b) Todavía no ha llamado a la oficina del periódico.

(c) Ya ha recibido el fax del Instituto de la Mujer.

(d) Todavía no ha llamado a Pilar Martínez.

2 Here are the shorter answers with pronouns:

(a) Ya la ha leído.

(b) No, no la ha llamado todavía.

(c) Sí, ya lo ha recibido.

(d) No, no lo ha preparado todavía.

Actividad 3.4

1 *Estrategias de mujer* is the most appropriate title, and the one that the original article uses. The other three are not suitable because they don't summarize the content of the article. *La perfecta casada* only refers to women's traditional situation, and the other two mention topics that aren't dealt with in the text.

2 You could have arranged the vocabulary in many different ways, but changing the categories should help you to memorize it better.

3 (a) Porque disponía de abundante servicio doméstico, barato y obediente.

(b) Trabajaban como empleadas en el sector textil o de criadas.

(c) No, trabajaban como adorno personal.

(d) Hoy en día la situación se ha invertido por completo: todas las chicas trabajan o están dispuestas a hacerlo en cuanto puedan.

4

Profesiones tradicionales de mujer	Nuevas profesiones
sirvientas / criadas	juezas
secretarias	ingenieras
costureras	directoras generales
dependientas	pilotas de aviación

Actividad 3.5

1 The three languages mentioned are: *el catalán, el gallego, el quechua.*

2 (a) Falso.

(b) Verdadero.

(c) Verdadero.

(d) Falso.

3 Here are some possible answers, for someone who lives in Britain:

(a) En mi país las mujeres desempeñan todo tipo de trabajos. En general, los trabajos de las mujeres en Gran Bretaña son muy similares a los trabajos de las mujeres en España. Pero existen otros trabajos que parece que son muy populares en España, por ejemplo: taxistas, conductoras de autobús y de tren.

(b) Se hablan otras lenguas además del inglés: el gaélico en Escocia y el galés en Gales. El gaélico se habla poco, pero el galés de Gales se habla más. En Gales hay un porcentaje de población más alto que en Escocia de gente que habla galés. El galés tiene status de lengua oficial junto con el inglés en Gales. También se hablan otras lenguas como las lenguas hindúes.

Actividad 3.6

1 Quizás ha pensado que la persona mayor que va a escuchar va a hablar de cómo ahora ya no hay moral.

2 (a) Verdadero.

(b) Falso.

(c) Verdadero.

(d) Falso.

3 (a) ¡Muchísimo!

(d) ¡Ahora eso ya no es nada!

Note that the tone of the voice is quite high when saying these expressions and that the superlative (*muchísimo*) is used to try to be more emphatic.

Actividad 3.7

1 These are the three things this person from Veracruz mentions:

(a) Limpio / Limpieza

(b) Seguridad

(c) Cultura

2 Here are the complete expressions:

Veracruz… era una cosa **extraordinaria**.

¡Fíjese usted qué **maravilla**!

3 Here a few phrases you could have made up:

¡Me parece estupendo!

¡Me parece una idea genial!

¡Es estupendo!

¡Es excepcional!

¡Es excelente!

¡Qué fantástico!

¡Qué maravilla!

Actividad 3.8

2 Here are some model sentences:

(a) Yo creo que la mujer puede hacer todo tipo de trabajo.

(b) En mi opinión nuestras abuelas tuvieron una vida muy difícil.

(c) Me parece que es muy importante aprender lenguas extranjeras hoy en día.

(d) Yo pienso que los nuevos medios audiovisuales van a desplazar a los más tradicionales como el libro.

(e) Hoy en día es necesario usar Internet.

(f) Para mí, aprender español es muy importante porque es una lengua con más de 300 millones de hablantes.

Actividad 3.9

1 Isabel is pregnant (*Isabel está embarazada*).

2 El cartero trae una carta para Isabel. Dentro del sobre hay una hojilla con la confirmación del embarazo de Isabel. Isabel coloca la hojilla en la estantería del salón, debajo de un libro. Don Zacarías es muy curioso, busca el papel que ha escondido Isabel y lo encuentra. Cuando lee el papel don Zacarías piensa que es Rosita la que está embarazada y se enfada mucho. Al llegar Carlos, don Zacarías le dice que Rosita está embarazada. Rosita entra muy contenta en la casa, pero su abuelo y su padre están malhumorados y le dicen lo que saben. Rosita se echa a llorar y en ese momento entra Isabel que explica a todos la verdad: ella es la que está embarazada.

Actividad 3.10

2 ¡Arrea, esto es una prueba de embarazo!

¡Rosita está de verdad embarazada!

¡Lo sabía!

¡Yo lo sabía!

¡Ya no hay dudas!

¡Pero si es una niña todavía!

¿Qué? ¿Qué estás diciendo, papá?

¿Te has vuelto loco?

¡Pero si es verdad!

¿Qué?

¡Isabel!

3 Here are examples of what you might have said:

(a) ¡Qué fastidio! ¡Qué rabia!

(b) ¡Qué bien!

(c) ¡Dios mío! ¿Qué es esto?

(d) ¡Qué sorpresa! ¡Qué alegría!

Actividad 3.11

1 ¡Qué vergüenza!

Esto es una tragedia.

Estas cosas no pasaban en mis tiempos.

¡Dios mío, qué vergüenza!

¡Qué disgusto te habrías llevado!

¡Qué barbaridad!

2 (a) Carlos. Está disgustado porque don Zacarías le ha dicho que Rosita está embarazada.

(b) Carlos. Piensa que es cierto que Rosita está embarazada.

(c) Zacarías. Está enfadado con Rosita porque cree que está embarazada.

(d) Rosita. Está disgustada porque sabe que no es verdad lo que piensan.

(e) Rosita. No le gusta que piensen de ella algo que no es cierto y que no la crean.

Unidad 4

Actividad 4.1

1 Here are some model sentences:

En esa época México tenía 39 km de red metropolitana, en la actualidad tiene 178 km.

Entonces México tenía 50 km de alcantarillado, hoy en día tiene 137 km.

En los años setenta había 150.000 farolas en la ciudad, actualmente hay 350.000 farolas.

Hace 20 años había 10.000 policías en México, en estos momentos hay 73.145 policías.

En 1981 México tenía 1.500 autobuses convencionales, en el presente hay 2.600.

En 1984 México tenía 1,3 millones de coches, ahora hay 2,4 millones.

En 1980 el 4,1% de la población tenía estudios superiores, en nuestros días un 14,1% tiene estudios superiores.

A principios de los años ochenta la delincuencia era bastante alta, más de 140.000 delitos, hoy en día es todavía más alta, más de 218.000 delitos.

En 1982 se recogían 7.000 toneladas de basura diarias, ahora se recogen 12.000 toneladas diarias.

Actividad 4.2

1 (a) ¿Cómo era Zacarías físicamente? / ¿Qué apariencia tenía?

(b) ¿Cómo era Zacarías en cuanto a su carácter? / ¿Qué carácter tenía?

(c) ¿Cómo tenía el pelo?

(d) ¿Qué ropa llevaba?

(e) ¿Cómo tenía los ojos?

2 This is how you could have rewritten the postcard:

Me lo estaba pasando estupendamente. La ciudad era maravillosa. Era muy tranquila y agradable. Se podía pasear sin prisas por las calles y hablar con la gente. Había muchos mercados ambulantes donde se vendía de todo. La ciudad no estaba tan llena de gente como Madrid, y apenas se escuchaban ruidos. Además, la gente era muy amable, te daba direcciones continuamente. Y la comida era riquísima. No tenía la menor intención de volver a España.

Actividad 4.3

1 (a) Hoy en día no hay respeto por nada.

(b) Antes, sí que había principios y moralidad.

(c) Una novia era algo sagrado.

(d) En cambio, ahora se acaban de conocer un chico y una chica y ¡ala!

2

Antes	**Ahora**
Estas cosas no pasaban en mis tiempos	… ahora todo el mundo es tan moderno
Antes, sí que había principios y moralidad…	Hoy en día no hay respeto por nada
Una novia era algo sagrado	… ahora se acaban de conocer un chico y una chica y ¡ala!
Así se solían hacer las cosas antes	¡Y así va el mundo!

Actividad 4.4

1 Here are the verbs you should have found in the text:

(a) amaneció, abrió, sacó, puso, ordenó

(b) llevaba, era, correspondía

2 These are the sentences with the missing verbs in bold:

(a) El lunes **amaneció** tibio y sin lluvia.

(b) Don Aurelio Escovar, dentista sin título y buen madrugador, **abrió** su gabinete a las seis.

(c) **Puso** sobre la mesa un puñado de instrumentos.

(d) **Llevaba** una camisa a rayas.

(e) **Era** rígido, enjuto.

3 The correct verbs are in bold.

Cuando (el dentista) **tuvo** las cosas dispuestas sobre la mesa rodó la fresa hacia el sillón de resortes y se **sentó** a pulir la dentadura postiza. Parecía no pensar en lo que **hacía**, pero **trabajaba** con obstinación, pedaleando en la fresa incluso cuando no se **servía** de ella.

Después de las ocho (él) **hizo** una pausa para mirar el cielo por la ventana y **vio** dos gallinazos pensativos que se **secaban** al sol en el caballete de la casa vecina. (Él) **siguió** trabajando con la idea de que antes del almuerzo volvería a llover. La voz destemplada de su hijo de once años lo **sacó** de su abstracción.

Actividad 4.5

1 (a) Ha cambiado muchísimo, ha cambiado todo.

(b) Ha cambiado la moral.

(c) Del nada se ha pasado al todo. Antes no podías darle un beso a la novia y ahora eso ya no es nada.

2 This is what you could have answered about a city you know:

(a) Han desaparecido casi todos los cines y se han abierto muchos supermercados. Han construido muchos edificios nuevos en el centro.

(b) Se ha extendido el uso del coche. Antes la gente andaba más y paseaba por la calle. Antes la gente acostumbraba a leer más e ir más al cine. Ahora muchos prefieren ver la televisión.

(c) Sí. Antes se daba mucha importancia a la moral, sobre todo la religiosa. Ahora cada uno tiene su propia moral.

Actividad 4.7

1 Here are the errors you should have corrected:

error	**corrección**
conocida	conocidos
reconocidas	reconocida
escrito	escrita
obsesionadas	obsesionado
convertidos	convertido
hecho	hecha
traducidas	traducida

2 Here are the corrected past participles:

error	**corrección**
cohid	dicho
otsiv	visto
hohce	hecho
tovule	vuelto
aertobi	abierto
esotup	puesto

Actividad 4.8

1 The writer believes that women don't necessarily need a high status job, what is more important is that women should have paid employment and thus achieve economic independence.

2 Here are the expressions of opinion you should have found: *opino que, no estoy de acuerdo en que, me parece (estupendo), a mi parecer, me alegra saber que, para mí, lo que considero (de verdad esencial es).*

3 The expressions of pleasure and approval from the text are in bold in the following model sentences:

Me parece estupendo que las mujeres ganen mucho más que hace 20 años.

Me alegra saber que hay cada vez más mujeres en puestos de responsabilidad.

4 This is an example of what you could have written:

Escribo en relación con la carta de Isabel Domingo aparecida en su diario recientemente. Estoy totalmente de acuerdo con ella. Pienso que no es necesario tener un trabajo con un sueldo muy alto para ser una mujer independiente y liberada. Creo que todas las mujeres tienen un papel importante en la lucha para la igualdad económica de las mujeres con los hombres. En España y en Latinoamérica parece que cada vez hay más mujeres que no están dispuestas a quedarse en casa cuidándose de los niños y de la familia y que trabajan para contribuir a la manutención de la familia. Además, para mí lo principal no es la vida profesional, sino llevar una vida social y emocional satisfactoria.

Muy atentamente,

Dolores Liberal

El arte al alcance de todos ~

El arte al alcance de todos explores the world of the arts, and the many forms in which they are expressed. *Unidad 1, Espectáculos*, looks at stage and open-air theatre, music and cinema. On the video you will watch street performers in Barcelona and a children's play in a Mexico City park. You will also practise how to describe performances and express what you liked most or least about them.

Unidad 2, Por amor al arte, focuses on crafts and craftspeople in Catalonia and Mexico. You will also revise how to describe crafts and how they are made.

In *Unidad 3, Arte contemplativo,* which deals with the conventional visual arts, you will find out about various artists and visit a couple of art exhibitions.

In *Unidad 4, Una cultura con mucho arte*, you will read about some other artists and their experiences, from traditional flamenco performers to exponents of the avant-garde. You will also talk about your own artistic interests.

In the Audio Drama you will find out how another work of art, a poem, causes trouble in the Mochales household.

By the end of the book you should be able to understand people talking about different types of art, describe what kind of art you like and explain why you like it, and appreciate Spanish and Spanish-American artistic life better. *¡Que lo pase bien!*

Unidad 1 Espectáculos

Learning Objectives

By the end of this *unidad* you should be able to:

- Describe shows and performances;
- Say what you liked most and least about a performance you have seen;
- Give your opinion in different registers and ask for other people's opinions.

Key Learning Points

Sesión 1 Los artistas se dan cita aquí

- Becoming familiar with the language used to talk about the performing arts.
- Using *acabar de* to talk about recent events.
- Practising the use of *lo que*, *el que* and *la que*.

Sesión 2 Música para todos

- Giving your opinion in the appropriate register.
- Writing letters of invitation.

Sesión 3 Se sube el telón

- Making a text more cohesive.
- Expressing what is best or worst about something.
- Asking questions to elicit opinions.

Study chart

Activity	Timing (minutes)	Learning point	Materials
		Sesión 1 *Los artistas se dan cita aquí*	
1.1	35	Understanding and summarizing the plot of a children's play	Video
1.2	35	Street theatre – expressing what you have just seen: *acabar de...*	Spanish Grammar, Video
1.3	35	Expressing what you like best: 'the thing that...'; 'the one that...'	Spanish Grammar, Video
1.4	30	Practising *lo/el/la/los/las que*	Activities Cassette
		Sesión 2 *Música para todos*	
1.5	30	Understanding opinions about a concert	Activities Cassette
1.6	20	Expressing what you have just heard	Activities Cassette
1.7	30	Expressing likes in informal letter-writing	
1.8	25	Understanding and giving opinions on music; making and responding to suggestions	Activities Cassette
1.9	30	Understanding songs and cover notes; practising pronunciation and intonation	Activities Cassette
	10	**Pronunciation**: intonation pattern of multiple phonic groups (enumerations)	Pronunciation Practice Cassette and Booklet
		Sesión 3 *Se sube el telón*	
1.10	30	Reading for specific information; using connectors	Study Guide
1.11	35	Making, accepting and refusing suggestions	Activities Cassette
1.12	30	Practising vocabulary relating to cinema; revising the superlative	
1.13	20	Expressing preferences	Activities Cassette
1.14	15	Listening to a (film) talk	Activities Cassette
1.15	20	Giving a (film) talk	Activities Cassette
	5	**Pronunciation**: Compound nouns	Pronunciation Practice Cassette and Booklet

Sesión 1 Los artistas se dan cita aquí

Actividad 1.1

INVITACIÓN

Bienvenido al universo de la creatividad y la imaginación.

Vamos a viajar a través de estas páginas por los distintos mundos de la expresión artística y así visitar el arte de todos y para todos.

Para inaugurar esta unidad, le invitamos a acompañarnos a ver un espectáculo sorpresa que se celebra en el Parque de Coyoacán de México.

¡Traiga a sus hijos!

1 La secuencia de vídeo que complementa esta unidad trata del teatro en la calle. Antes de verla, fíjese en las siguientes palabras que se utilizan en ella. ¿De qué cree usted que trata la historia? Escriba un párrafo de 25-30 palabras.

Before watching the video sequence, make sure you understand the following words. Write 25-30 words on what you think the story is about.

bruja nocturna, fiesta, disfraces, público infantil, espectáculo, animales, parque, canciones

2 Vea la secuencia de vídeo (01:00:42 – 01:03.28) y responda a las siguientes preguntas:

Watch the video and answer the following questions:

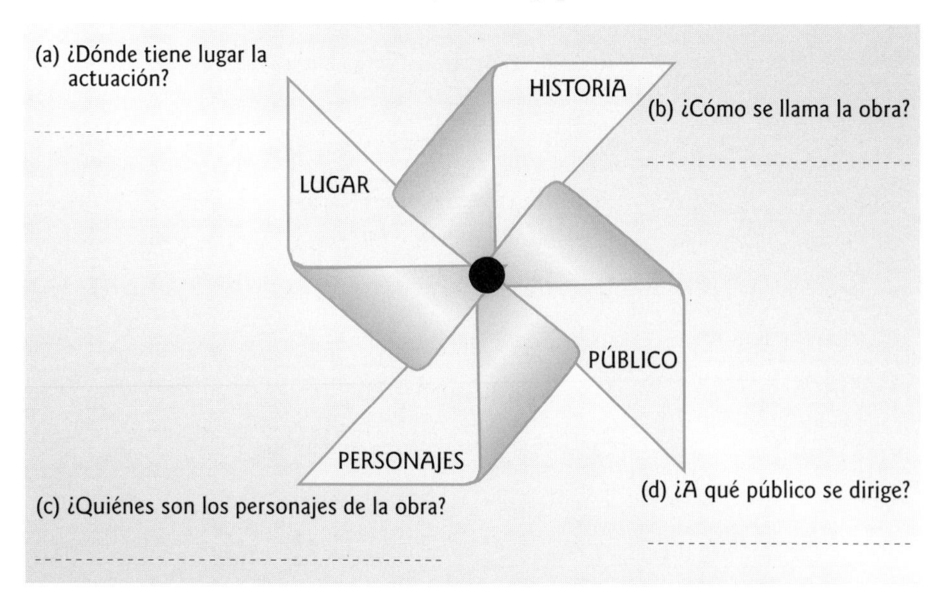

3 Escriba un breve resumen de unas 35-40 palabras que describa lo que acaba de ver en el vídeo.

Write a brief summary of what you have just seen on the video.

4 Vea la secuencia de vídeo por segunda vez y responda a las siguientes preguntas:

Watch the video sequence again and answer the following questions:

(a) ¿Cómo llaman a la bruja en esta historia?

(b) ¿Cuánto tiempo lleva dedicándose la actriz al teatro en la calle?

(c) ¿Es su personaje tan malo como el de los cuentos tradicionales?

(d) Además de actuar, ¿a qué se dedica esta actriz?

5 Escriba un párrafo de 50-60 palabras sobre qué cree usted que es lo que les gusta más a los niños del teatro en la calle.

Write a paragraph about what you think children like most about street theatre.

Actividad 1.2

The next section of the video (01:03:28 – 01:05:42) investigates street theatre in the vibrant Ramblas of Barcelona, one of its main streets.

1 Antes de ver la secuencia de vídeo, complete este texto sobre las Ramblas. Para completar el texto, escoja una de las expresiones que aparecen a continuación. Cada expresión se utiliza sólo una vez. Comprobará sus respuestas con el vídeo en el siguiente paso.

Choose one of the following expressions to fill in each gap:

> una historia tradicional, se mueven al son de la peseta, se dan cita aquí, la calle más emblemática de la ciudad, llevan seis meses trabajando, que se dan los últimos toques, el mayor escenario de la ciudad

Por las Ramblas de Barcelona, **la calle más emblemática de la ciudad,** pasan cada día miles de personas y artistas de todo el mundo ......: músicos que animan el ambiente, arlequines ...... antes de la función, y esculturas humanas o autómatas que ......

Las Ramblas se han convertido en ......

Manuel y Lucía hacen mimo. ...... en las Ramblas y representan ...... de una manera diferente.

2 Vea ahora la secuencia de vídeo (01:03:28 – 01:04:27) y compruebe que el texto del ejercicio anterior coincide con lo que dice el narrador.

Now watch the video sequence. Check that the description above matches what the narrator says.

Atando cabos

Talking about what has just happened

Acabar de... is used to talk about something that has happened in the very recent past. For example, if someone asked you what has just happened, you could say:

Acaba de empezar la función de teatro.

The performance has just started.

Similarly, if somebody asked you what you have just done, you could say:

Acabo de comprar las entradas del cine.

I've just bought the cinema tickets.

Note that *acabar de...* requires the verb that follows to be in the infinitive:

Mi familia y yo acabamos de ***ver*** *una película.*

¿Acabas de ***llegar****?*

Tu madre acaba de ***llamar*** *hace tres minutos.*

3 Relacione las expresiones de las tres columnas siguientes para explicar lo que ha visto en el vídeo. Después forme oraciones comenzando por 'Acabo de ver...'

Reconstruct the following jumbled expressions to explain what you have seen on the video. Then write sentences starting Acabo de ver...

Acabo de ver		
un Pierrot	que regala	música andina
un payaso	que tocan	una flor
unos músicos	que se maquilla	al público
unos mimos	que saluda	una función
un Charlot	que representan	la cara

Atando cabos

Relative pronoun 'que'

Did you notice the relative pronoun *que* in the sentences above? Here it is used to extend the description of the street performers by saying what they are doing.

For more examples and a further explanation of this relative pronoun, refer to your Spanish Grammar, page 124.

Actividad 1.3

Two mime artists are going to talk about their show.

1 Antes de ver el vídeo, complete las frases a continuación con las siguientes expresiones y forme oraciones completas. Encontrará las respuestas en el vídeo que verá en el siguiente paso.

Use the phrases in the box to form complete sentences.

> triste, besar a la luna, el beso por una flor, el poema de *Pierrot y la luna*, imposible besarla, un poquito

Ejemplo

Nosotros estamos representando lo que es **el poema de *Pierrot y la luna***.

(a) Realmente lo hemos cambiado......

(b) Pierrot lo que intenta en su locura es ......

(c) Claro, la luna es ....

(d) Eso es un rechazo, y Pierrot se siente ....

(e) Pero bueno, nosotros hemos cambiado ....

2 Vea ahora la secuencia de vídeo (01:04:29 – 01:04:56) y responda a las siguientes preguntas:

Now watch the video sequence and answer the following questions:

(a) ¿Quiénes son los personajes de la obra?

(b) ¿Por qué está triste el Pierrot?

(c) ¿Qué es lo que han variado de la historia original?

Actividad 1.4

You are going to watch *Cumpleaños en el bosque* and *Teatro en la calle* again. As you are now more familiar with its content, this time you are going to concentrate on what people think of street theatre.

1 Vea otra vez la secuencia de vídeo *Cumpleaños en el bosque* (01:00:42 – 01:03:28) y continúe las siguientes frases con lo que opinan las siguientes personas sobre el teatro en la calle:

Watch Cumpleaños en el bosque *again and complete the following sentences:*

Ejemplo

Niña Lo que me encanta es...

Niña Lo que me encanta es **el contacto con la gente, la forma en que te puedes transformar tú**.

(a) **Bruja** Lo que más le gusta al público es...

(b) **Espectadora** Lo que más les gustó [a los niños] fue...

(c) **Espectador** Lo que más les gusta a los niños es...

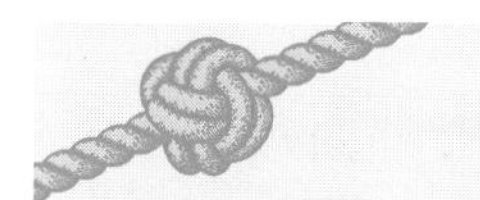

Atando cabos

'Lo que…'

In this *unidad* you came across the expression *lo que*, which is used to single out something, as in the English 'the thing that' or 'what'. The people in the video use it to express what they like most about street theatre, for example:

> ***Lo que** más les gusta a los niños es la música.*
> *What children like most is the music.*
>
> ***Lo que** me gusta del teatro es que ves los actores en directo.*
> *What I like most about theatre is that you see the actors live.*
>
> *En una función **lo que** es importante es la actuación de los actores.*
> *What is important in a show is the actors' performance.*
>
> *¿Qué es **lo que** te gusta más de esta obra?*
> *What is it that you like most about this play?*

(For other uses of *lo que*, refer to your Spanish Grammar, page 120).

2 Vea otra vez la secuencia de vídeo *Teatro en la calle* (01:03:28 – 01:05:42) y escriba a continuación lo que dicen Manuel, Lucía y el público sobre lo que les gusta del teatro en la calle. Comience sus frases con la expresión 'lo que'.

Write down what Manuel, Lucía and the spectators say about street theatre in the spaces below. Start each one with lo que.

(a) ¿Qué es lo que más le gusta al público?

(b) ¿Qué es lo que más les gusta a los niños?

(c) ¿Qué es lo que más le gusta a la entrevistada del arte en la calle?

(d) ¿Qué es lo que más le gusta al entrevistado del arte en la calle?

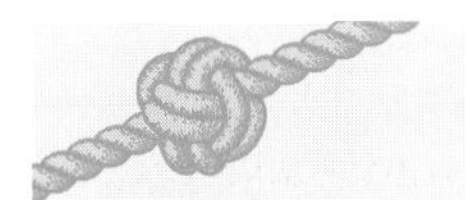

Atando cabos

El que / la que / los que / las que...

In English the expression 'the one that' is used to single out an element in a group, for example:

> *The actor I like most is* ***the one that*** *starts the fight.*

You have seen in the video the expressions *el que…*, *la que…*, *los que…* and *las que…*. These are the Spanish equivalents of 'the one(s) that', as in the following example:

> *Las películas de Buñuel son muy famosas, pero* ***la que*** *es más conocida es* El perro andaluz.

Here the group is *películas* and the selected item is the film *El perro andaluz*.

El que…, *la que…*, *los que…* and *las que…* are indefinite pronouns, and like *lo que* are used to refer to a noun. For example, in the following sentence, *el que* refers to Almodóvar:

> *Los directores españoles están bien, pero* ***el que*** *es genial es* ***Almodóvar****.*

Since they refer to a specific noun, the pronouns (i.e. *el, la, los, las*) change according to the gender and number of what is referred to. Consider the following sentences:

> *Todas las actrices son buenas, pero* ***las que*** *me encantan son* ***Penélope Cruz*** *y* ***Carmen Maura****.*
>
> *Todo el mundo aplaudió mucho, pero* ***los que*** *más aplaudieron fueron* ***los niños****.*

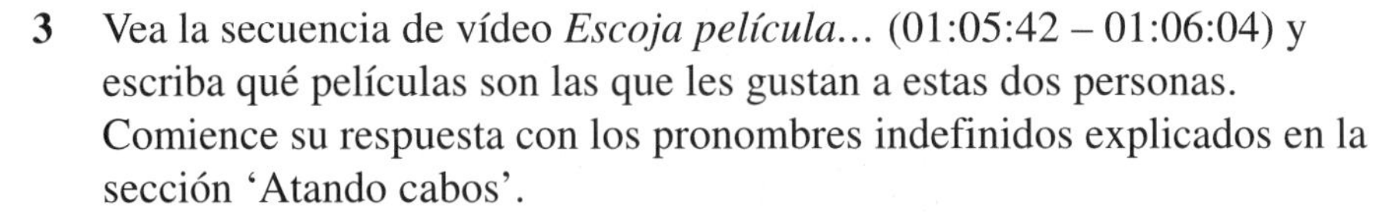

3 Vea la secuencia de vídeo *Escoja película…* (01:05:42 – 01:06:04) y escriba qué películas son las que les gustan a estas dos personas. Comience su respuesta con los pronombres indefinidos explicados en la sección 'Atando cabos'.

Watch the video sequence Escoja película… *and write down what films these people like. Start your reply with the indefinite pronouns explained in* Atando cabos.

4 Vaya al Extracto 1 de la Cinta de actividades donde va a practicar la estructura que acaba de ver.

Do the exercises in Extract 1 of the Activities Cassette.

Sesión 2 Música para todos

In this session you are going to learn more about stating emphatically what you liked or disliked, in this instance about a concert. You will also learn about the special events take place at the cathedral in Santiago de Compostela.

Actividad 1.5

1 Lea los siguientes adjetivos para dar su opinión y dígalos en voz alta. ¿Se acuerda de otros?

Look at the following adjectives used to give opinions and read them out aloud. Can you think of any others?

El concierto me ha parecido…

… estupendo
… precioso
… fantástico
… genial
… maravilloso

… horrible
… pésimo
… malísimo
… horroroso
… fatal

Sabía Ud. que...

Santiago de Compostela es la tercera ciudad santa del mundo católico después de Jerusalén y Roma. Por este motivo, no es extraño que sus fiestas sean principalmente de carácter religioso. Uno de los espectáculos más grandiosos en estas celebraciones lo ofrece, sin duda, la famosa ceremonia del 'botafumeiro'. Éste es un enorme incensario que se mantiene suspendido desde lo alto de la catedral. El botafumeiro llena el ambiente de un aroma denso muy particular que, ayudado por la música, sumerge a los visitantes en un ambiente totalmente medieval. Hay un momento en la celebración en el que varios sacerdotes lo impulsan con fuerza, y el gigantesco botafumeiro sale volando de lado a lado sobre las cabezas de los sorprendidos espectadores.

sale volando flies over

As well as the fascinating *botafumeiro* ceremony, the cathedral also hosts classical concerts. You are now going to listen to a short interview in which two women talk about what they think of a concert they have just been to in the cathedral.

2 Escuche el Extracto 2 en la Cinta de actividades y responda a las siguientes preguntas:

Listen to Extract 2 on the Activities Cassette and answer the following questions:

(a) ¿Son de Galicia estas mujeres?

(b) ¿Les ha gustado el espectáculo?

(c) ¿Habían asistido ya antes al concierto?

Actividad 1.6

Ahora va a escuchar seis tipos de música en el Extracto 3. Diga qué tipo de música **acaba de** escuchar. Sería una buena idea repasar la sección de 'Atando cabos' en la página 106.

Do the exercises on Extract 3 of the Activities Cassette. You may want to re-read Atando cabos *on page 106.*

Actividad 1.7

You are going to read a letter from someone who has just been to a concert.

1 Lea la siguiente carta y decida si es una carta formal o informal. Subraye qué palabras le han dado las pistas para la respuesta.

Read this letter and decide whether it is written in a formal or an informal style. Underline the words that gave you the clues.

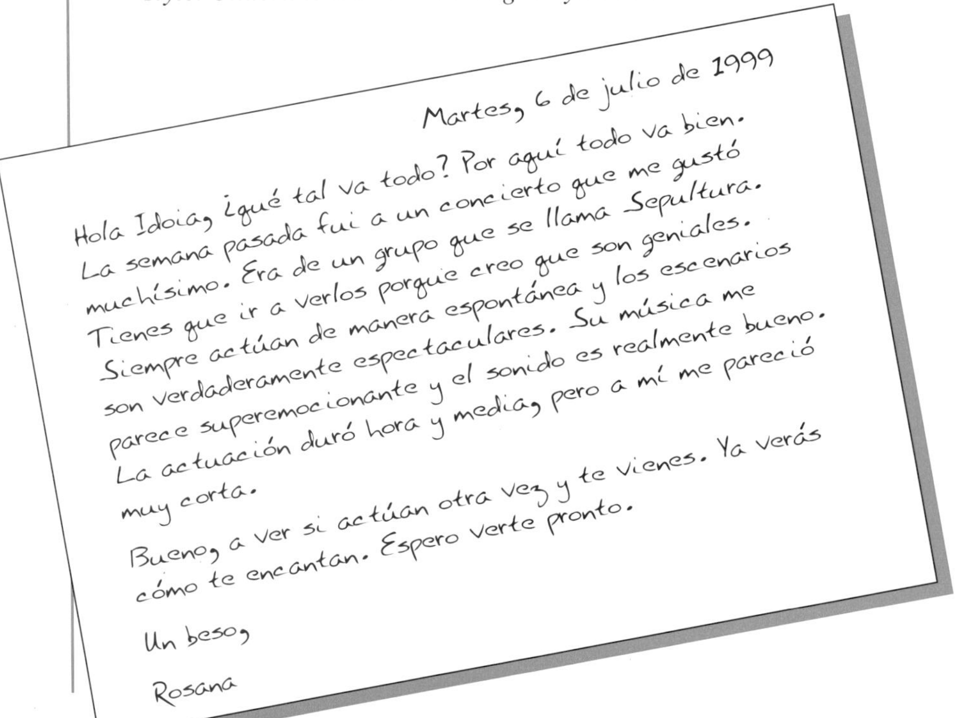

Martes, 6 de julio de 1999

Hola Idoia, ¿qué tal va todo? Por aquí todo va bien. La semana pasada fui a un concierto que me gustó muchísimo. Era de un grupo que se llama Sepultura. Tienes que ir a verlos porque creo que son geniales. Siempre actúan de manera espontánea y los escenarios son verdaderamente espectaculares. Su música me parece superemocionante y el sonido es realmente bueno. La actuación duró hora y media, pero a mí me pareció muy corta.

Bueno, a ver si actúan otra vez y te vienes. Ya verás cómo te encantan. Espero verte pronto.

Un beso,

Rosana

2 ¿Le ha gustado el concierto a Rosana? Subraye en el texto las expresiones que le han ayudado a dar esta respuesta.

Did Rosana like the concert? Underline the expressions that helped you with the answer.

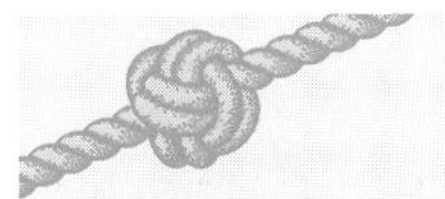

Atando cabos

Expressing likes in different registers

To emphasize the qualities of a performance, you can use the following adverbs:

> *... los escenarios son* ***verdaderamente*** *espectaculares.*
>
> *Su música me parece* ***super****emocionante...*
>
> *... el sonido es* ***realmente*** *bueno.*

As in English, there are formal, informal and neutral ways of expressing likes which obviously depend on whom you are with and the degree of formality of the situation.

3 Coloque las siguientes palabras y expresiones en el lugar apropiado:

Put the words and expressions in the box under the appropriate heading:

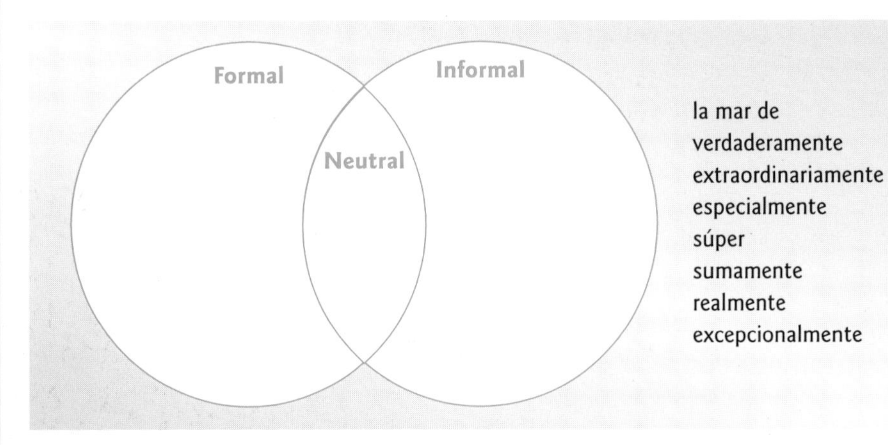

Actividad 1.8

Imagine that you have just returned home. A Mexican friend has left a message on your answering machine, suggesting going to a concert and giving you an idea of what kind of music and bands he prefers.

1 Escuche el Extracto 4 y anote cuáles son las sugerencias y preferencias de su amigo.

Listen to Extract 4 on the Activities Cassette. Note your friend's suggestions and preferences.

Note the expressions used when leaving messages on answering machines in your *Diario*.

2 Vaya al Extracto 5 en la Cinta de actividades y conteste a su amigo con su opinión sobre la música que sugirió. Dígale qué estilo musical y qué músicos le gustan a usted y por qué. Siga los estímulos que se le dan en la Cinta.

Listen to Extract 5 of the Activities Cassette. Tell your friend your opinion about the music he suggested, what kind of music and what musicians you like and why. Follow the cues on the cassette.

HISPANOAMÉRICA

¿Quiubo? is a common informal greeting in several Latin American countries – it means the same as *¿Qué hay?* or *¿Qué tal?*

Actividad 1.9

Kiko Veneno is a famous Spanish flamenco-rock singer. In this *actividad* you will get to know him and his music.

1 Escriba en cada caso una pregunta que corresponda a la respuesta:

Write a question corresponding to the following answers:

(a) ¿......?

Kiko Veneno es apreciado en España porque es uno de los primeros en mezclar la música rock y el flamenco y también porque fue un precursor de los nuevos flamencos.

(b) ¿......?

Lleva muchos años cantando, pero se hizo realmente famoso en 1996 con un disco llamado *Échate un cantecito* que encantó tanto al público joven como al más adulto.

(c) ¿. . . . . .?

Sus canciones son muy originales e intimistas, aunque al mismo tiempo muy alegres y desenfadadas. Todo el mundo se puede identificar mucho con ellas porque tienen un toque muy personal y encantador.

2 Escuche la canción en el Extracto 6 y responda a las siguientes preguntas:

Listen to the song on Extract 6 and answer the following questions:

(a) ¿Qué sentimientos se expresan en la canción?

(b) ¿Cuál cree que puede ser el título de la canción?

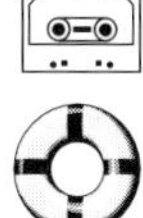

3 Cantar es muy útil para practicar la pronunciación. Vuelva a escuchar la canción completa y cante a la vez que la escucha.

Listen to the song again and sing while you are listening to it.

Pronunciación

Do the exercises in *Práctica 28,* which concentrate on the intonation pattern of multiple phonic groups (enumerations).

Sesión 3 Se sube el telón

In this session you will get to know something of Madrid's cultural life, especially its theatres and cinemas, as well as taking a look at Mexican cinema. You will read newspaper articles about theatre and film, and listen to experts on cinema. Finally you will give your own opinion about a film.

Actividad 1.10

You are going to read a newspaper article about theatre in Madrid.

Before doing so, go to page 23 of the Study Guide and read the first tip for improving your reading strategies.

1 Lea la introducción y la conclusión del artículo para saber de qué trata. Después lea el artículo completo.

Read the article for overall meaning. Try reading the first and last paragraphs to start with, so you get an idea of the subject matter.

la animación cultural cultural life

estar al orden del día to be very frequent

con solera with a long tradition

Teatro y festivales de Madrid

En Madrid, como en otras muchas ciudades españolas, la animación cultural se respira por todos los rincones, lo que incluye una estupenda oferta teatral.

Al pasear por lugares tales como el Parque del Retiro, lo que llama la atención son las numerosas actuaciones de todo tipo: los títeres que divierten a los niños; las pequeñas obras de teatro callejeras que nos llevan a otros mundos; y los mimos, que arrancan con su simpatía una sonrisa a los transeúntes. De noche, es posible asistir a representaciones más o menos serias creadas y ejecutadas por profesionales y aficionados que disfrutan y hacen disfrutar del drama, la comedia, el musical, o cualquier otro género.

Y es que en Madrid hay numerosos y variados escenarios con un común denominador: el teatro. Desde múltiples salas con solera como lo son el Teatro de la Comedia, el Teatro Español, o el Teatro María Guerrero, en los que se representan obras más bien clásicas; hasta salas de teatro alternativo, como el Alfil y la Sala Triángulo, donde lo que impera son programas más innovadores y originales.

Como en otras ciudades del mundo, en Madrid los festivales están al orden del día. El Festival de Otoño ha ofrecido durante años espectáculos de teatro y cine, de danza y música, en un amplio repertorio protagonizado tanto por compañías españolas como extranjeras. El teatro en esta ciudad es algo de todos y para todos y uno puede elegir tanto ser actor como ser espectador para participar en un festival.

Para entrar en calor, en invierno tiene lugar el festival de las artes llamado La Alternativa, que apuesta por un estilo distinto e independiente de entender el teatro, el cine, la música y la danza; tendencias que cada día son más frecuentes y potenciadas en esta interesante ciudad. Por ello, en primavera también se dan cita aquí innovadores festivales, como el Festival de Teatro para Niños, que tuvo este año su primera edición. Entre otros, también están el Festival Internacional de Madrid Sur o el Teatro de Guiñol. Cada año se renuevan los repertorios y cada vez hay más festivales.

En definitiva, una gran oferta cultural de la que todos los madrileños y visitantes pueden disfrutar y participar por amor al arte.

(Amparo Rodríguez.)

2 Lea el artículo y busque información específica subrayando las palabras que estén relacionadas con el mundo del teatro. Después complete la siguiente tabla con las palabras que faltan escogiéndolas del texto.

Now you are going to practise scanning for specific information (see Study Guide, page 24). Read the article again and underline the words relating to theatre. Then complete the following table using words from the article. Each space corresponds to one letter.

Espectáculos	
Tipo	el cine el t...... la d...... la m......
Género	el drama la c...... el m......

Espectáculos	
Lugar	la calle el t...... el c......
Artistas	los aficionados los p...... los m......
Público	los adultos los n...... los e......

¿Qué iría a ver usted en Madrid si tuviese la oportunidad de ir?

What would you see in Madrid if you had the opportunity to go there?

3 Para entender mejor un texto, una buena estrategia es estudiar la estructura y los conceptos principales de cada párrafo. Lea los siguientes resúmenes de cada uno de los diferentes párrafos del artículo y numérelos de acuerdo con el párrafo al que corresponden.

Read the following summaries of each paragraph in the article and put them in order from 1 to 6:

(a) Lo interesante es que, a lo largo de todo el año, estos festivales tan variados se renuevan constantemente. ❑

(b) Madrid es una ciudad que tiene una gran oferta de teatro. ❑

(c) También existen en Madrid numerosos teatros, no sólo clásicos, sino modernos, con representaciones alternativas y experimentales. ❑

(d) Se puede asistir habitualmente a una gran variedad de espectáculos por las calles de la ciudad. ❑

(e) Todo el mundo puede beneficiarse de la gran animación cultural que ofrece esta ciudad. ❑

(f) Espectadores y artistas pueden disfrutar por igual de un gran número de festivales, tanto de teatro, como de cine, danza y música. ❑

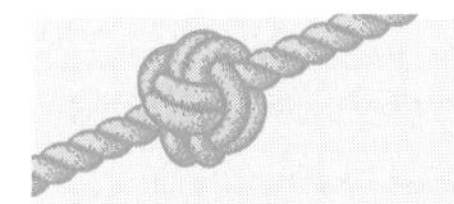

Atando cabos

Linking words

There are different types of linking words that you can use when making descriptions, for example:

> *Me encanta el teatro porque los escenarios son reales y a veces son muy originales.* ***Además*** *pueden encontrarse tanto en sitios cerrados como abiertos.* ***Por ello****, el teatro siempre ha sido mi espectáculo preferido.* ***Sin embargo****, también me gusta mucho el cine.*

Look at how the following text connectors are used:

(a) To add an idea: *y es más / además*

> *El teatro estaba demasiado lleno.* ***Además*** *no me gustó la obra.*

(b) To contrast an idea: *pero / sin embargo*

> *Me gustó la película.* ***Sin embargo****, creo que las he visto mejores.*

(c) To explain a reason: *por esto / por ello*

> *Las entradas se acaban rápido.* ***Por esto****, es conveniente reservar.*

4 Utilice los resúmenes del ejercicio anterior para escribir un breve texto (100 palabras) sobre el teatro en Madrid. Escriba los párrafos en el orden correcto y únalos con los conectores que acaba de ver. Aquí tiene la frase de introducción de su artículo. Continúe escribiendo el resto.

Write a short text of about 100 words on theatre in Madrid. Link your sentences using the connectors in Atando cabos. *You can start your article as follows:*

> ***El teatro en Madrid***
>
> Madrid es una ciudad que tiene una gran oferta de teatro. **Por esto**, se puede asistir habitualmente…

Actividad 1.11

If you are thinking of going to the theatre, the first thing you normally do is get a guide to see what's on.

◆ TEATROS DE MADRID ◆

TEATRO/salas

- Alfil. (Aforo: 250). Pez,10. Metro Noviciado. Tel. 521 58 27.
Animalario. Dir. y Cía. Ración de Oreja. Dur. 1 h. 40 m. Hasta el 15 de junio. Horario: vier. 13 y sáb. 14 a las 21 h. Dom. 15 a las 18 h. Precio: 1.500 pts. Dom. precio reducido: 1.000 pts. Anticipada y para el día en taquilla (lab. desde las 19 h., dom. desde las 18.30 h.), Caja Cataluña y Tel-Entradas: 902 38 33 33.
Tragicomedia. *Cinco piezas breves, en claves de farsa y sainete negros sobre situaciones urbanas actuales.*

- Mirador. (Aforo: 160). Doctor Fourquet, 31. Metro Lavapiés. Tel. 539 57 67.
Lorca al rojo vivo. Espectáculo con canciones, poemas y piezas variadas de Federico García Lorca. Cía. Nuevo Repertorio. Con Juan Diego Botto, Eduardo Recabarren, Raquel Pérez y María Botto.
Recital dramático. *Reestreno de "No se puede matar el duende". Canciones, poemas y escenas de Lorca enlazadas por un coro de toque, canto y baile.*

- Español. (Aforo: 775). Príncipe, 25. Metro Sevilla. Tel. 429 62 97.
La venganza de Don Mendo, de Pedro Muñoz Seca. Dir. Gustavo Pérez Puig. Con Raúl Sender, Maruchi León, Juan Carlos Naya y Ana María Vidal, entre otros. Dur. 2 h. 15 m. (con descanso). Horario: Mar., miér., juev. y dom. a las 20 h. Vier. y sáb. a las 19 y 22.30 h. Lun., descanso. Precio: de 200 a 2.200 pts. Precio esp. grupos (50% descuento) en el tel. 429 91 93 y 429 03 18. Anticipada en taquilla de 11.30 a 13.30 h. y a partir de 17 h. (lun. cerrado).
Comedia. *Don Mendo jura vengarse de su amante Magdalena, que lo traiciona para casarse con un duque. Una serie de situaciones disparatadas impiden una y otra vez a Don Mendo consumar su venganza.*

- Cuarta Pared. (Aforo: 172). Ercilla, 17. Metro Embajadores. Tel. 517 23 17.
Piezas cortas hechas y derechas (Madrid en Danza). Coreog. Ana Buitrago, Blanca Calvo, Elena Córdoba, Olga Mesa, La Ribot y Mónica Valenciano. Cía. UVI-La Inesperada.
Horario: juev. 19 a las 21 h. Vier. 20 y sáb. 21 a las 20 h. Precio: 1.200 pts.

1 Lea la cartelera y complete la siguiente tabla con la información adecuada:

Read the guide and complete the following table:

	Alfil	Español	Cuarta Pared	Mirador
Tipo de espectáculo				recital dramático
¿Descuento para estudiantes?	sí	no		
¿Reservas por teléfono?			no	no
Título de la obra		La venganza de Don Mendo	Piezas cortas hechas y derechas	
Horario los domingos	18:00	20:00	———	———
Duración			———	———
Precio (pesetas)	1.500 (1.000 dom.)	200/2.200		———

2 Una las siguientes expresiones de invitación o rechazo con la expresión inglesa equivalente:

Match the following expressions with their equivalents in English.

¿Vamos?	Would you like to go to…?
¿Te apetece ir a ver una obra de la Fura dels Baus?	OK. I love…
Bueno. Me encanta el teatro alternativo.	I don't like…
¿Qué te parece *El perro del hortelano*?	Alright, I think it's a good idea.
No, no me gusta el teatro clásico.	Shall we go?
¿Te gustaría ir a ver una función infantil?	What do you think about…?
También me gusta. ¿Por qué no vamos a…?	Do you fancy going to…?
Está bien, me parece una buena idea.	I like it too. How about going to…

3 Vaya al Extracto 7 de la Cinta de actividades y haga los ejercicios.

Do the exercises in Extract 7 of the Activities Cassette.

Actividad 1.12

In this *actividad* we turn to another art form, film.

1 Escriba el nombre del tipo de película debajo de cada dibujo según el ejemplo:

Write the name of each type of film under the pictures, as in the example:

> de terror, romántica, de dibujos animados, de risa, de ciencia ficción, de aventuras

Ejemplo

Película…

Película **de risa**

(a) Película…

(d) Película…

(b) Película…

(e) Película…

(c) Película…

da pena
it's a shame
ir de copas
to go out for a drink
me escuece (escocer)
literally, 'it burns me'; here, 'it troubles me'

2 Lea el siguiente artículo de opinión de Maruja Torres, una escritora y periodista española muy famosa, y subraye las palabras que tengan que ver con el mundo del espectáculo y otras formas artísticas.

Read the following article and underline the words relating to performing arts and fiction:

> A veces, aunque muy raramente, el cine crea personajes tan cercanos, que cuando termina la película da pena volverse a casa, da pena empezarlos a olvidar. Uno querría, finalizada la proyección, irse con ellos de copas, continuar escuchándoles, o, cuanto menos, tener la oportunidad de seguirlos hacia su destino, cualquiera que sea. Por mis recuerdos de espectadora circulan tipos así: retratos de persona tan auténticos que todavía me escuece que la palabra *fin* interrumpiera mi relación con ellos.

(Torres, M., *Casi los 39*, El País, 13 de octubre de 1996.)

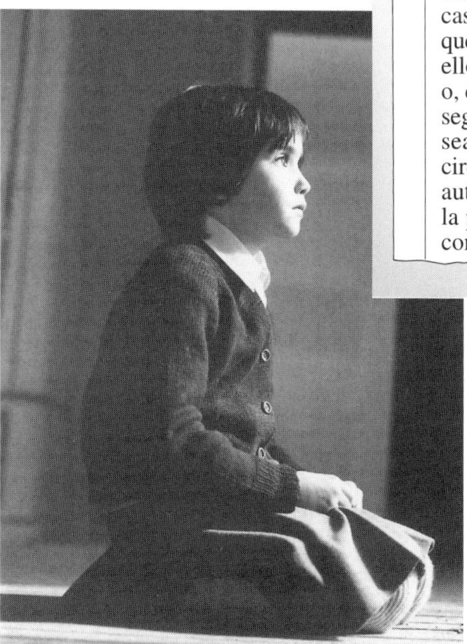

Ana Torrent en *El espíritu de la colmena*

3 Lea las siguientes frases y corrija lo que vea que no se corresponde con lo que dice el texto. Todas contienen un error. Vuelva a escribir las frases para expresar lo contrario.

The following sentences all contain a mistake. Rewrite them correctly.

(a) Lo peor para la escritora es que consigue sumergirse del todo en las películas.

(b) Lo más raro cuando se sale del cine y se ha visto una buena película, es que se la recuerda durante mucho tiempo.

(c) Lo más aburrido es que los personajes protagonistas de las películas a veces parecen muy reales.

(d) Para ella los retratos humanos más irreales se dan también en el cine.

4 Y ahora usted, ¿qué personaje de una obra de ficción le ha hecho sentirse así? Escriba un párrafo de unas 25-30 palabras.

What fictional character has made you feel like this?

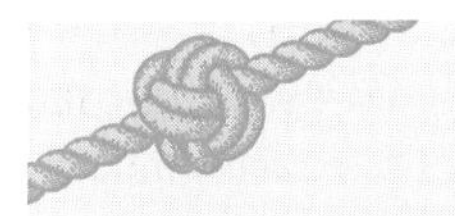

Atando cabos

Revision of the superlative

You will already know what the superlative is (i.e. 'The **tallest** person in the world') and how to form it in Spanish: article + comparative adjective. For example:

El circo es **el** espectáculo **más mágico**.

Los niños son **los mejores** espectadores.

Now refresh your knowledge of superlatives by looking at the following examples:

(a) El/la/los/las + (*noun*) + más / menos + *adjective:*

Para mí **el menos interesante** de todos los tipos de cine es el de ciencia ficción.

Para los niños **las** películas **más emocionantes** suelen ser las de aventuras.

Notice the irregular superlative adjectives *mejor* and *peor*:

La mejor actuación que he visto de Antonio Banderas fue en *Átame*.

Amantes es de **las peores** películas que he visto de Victoria Abril.

(b) Lo + más / menos + *adjective:*

Para mí **lo más interesante** de las películas de Spielberg es la fotografía.

Lo mejor de ir al cine es ver la película en una pantalla grande.

Lo peor del cine es que cada vez está más caro.

Actividad 1.13

Ahora vaya al Extracto 8 en la Cinta de actividades donde va a responder a preguntas sobre lo que le gusta más y lo que le gusta menos de ir al cine.

Listen to Extract 8 on the Activities Cassette and answer questions on what you like most and least about going to the cinema.

Del dicho al hecho

Why don't you try to find out more about Spanish and Spanish-American cinema, theatre or performing arts? You may want to read the reviews in a Spanish-language magazine, or access the Internet on sites such as http://www.mty.itesm.mx/dcic/carreras/lcc/cine_mex/estrella.html

Actividad 1.14

Vaya al Extracto 9 en la Cinta de actividades, donde un experto mexicano en filmografía le va a hablar de una película muy representativa de la historia del cine mexicano. Responda a las siguientes preguntas en inglés:

Now listen to Extract 9, which features a film expert from Mexico. Then answer the following questions in English:

(a) What film is he talking about?

(b) What vision of Mexico does the film portray?

(c) What effect did the film have?

Actividad 1.15

Hable brevemente sobre una película que le guste. Trate de hablar de la mayoría de los siguientes aspectos descritos abajo. Si puede, grabe su respuesta y compárela con el modelo en el Extracto 10.

Talk briefly about a film you like. Try to cover most of the following aspects. If you can, tape your answer and compare it with the model on Extract 10 of the Activities Cassette.

- Título de la película
- Características generales: ¿cómo es la historia (por ejemplo, tierna, bonita, etc.)?; banda sonora; fotografía; vestuario, etc.
- Reparto / personajes
- Argumento / ¿De qué trata?

Pronunciación

Do the exercises in *Práctica 29* of your Pronunciation Practice Cassette and Booklet, which concentrate on stress in compound nouns.

Unidad 2 Por amor al arte

Learning Objectives

By the end of this *unidad* you should be able to:

- Ask for reasons;
- Give reasons for preferences;
- Express consequences;
- Describe a process.

Key Learning Points

Sesión 1

- Using various expressions for giving reasons.
- Becoming familiar with language used to discuss arts and crafts.

Sesión 2

- Using *por* to express the agent in passive constructions.
- Asking for and giving reasons for preferences.
- Practising language used to talk about art.

Sesión 3

- Using *por* to indicate price.
- Phrases with *por.*
- Describing ongoing action in the present tense using *estar* + present participle.
- Revising how to describe processes using *se* + 3rd person.

Study chart

Activity	Timing (minutes)	Learning point	Materials
		Sesión 1 ***Un pueblo de artesanos***	
2.1	35	Listening to a craftswoman talking about her life	Activities Cassette
2.2	20	Expressing reasons using *porque* and *como*	Activities Cassette
2.3	30	Making excuses	Activities Cassette, Transcript Booklet
2.4	20	Expressing reasons: notices, proverbs and sayings using *por*	
2.5	20	Newspaper headings: expressing reasons using *debido a* and *a causa de*	
2.6	25	Expressing reasons: accounting for preferences	Activities Cassette
		Sesión 2 ***La vida en barro***	
2.7	25	Mexican arts and crafts: using *por* to introduce the agent	Spanish Grammar, Video
2.8	20	Further practice: *por* with the passive voice	
2.9	15	Describing *El Pueblo Español* using passive constructions	
	10	**Pronunciation:** combinations of consonants and their assimilation	Pronunciation Practice Cassette and Booklet
		Sesión 3 ***Artesanía reciclable***	
2.10	50	Glass-blowing: guessing the meaning of new words and distinguishing sounds	Video
2.11	30	Other uses of *por*: asking for and giving prices; referring to a future objective	Activities Cassette
2.12	30	Describing an on-going activity using *estar* + present participle	Video
2.13	15	Revising how to describe a process using *se* + 3rd person	Video
2.14	20	Giving reasons: revision	Activities Cassette
	10	**Pronunciation:** the letter 'x'	Pronunciation Practice Cassette and Booklet

Sesión 1 Un pueblo de artesanos

Actividad 2.1

Angélica Polán Vásquez is an *artesana*, a craftswoman, who runs a small business called Artesanía Angélica in the Pueblo Español in Barcelona, which you will see later on the video.

Sabía Ud. que...

El Pueblo Español es una reproducción de un pueblo típico que representa la arquitectura de diferentes regiones. Está situado en la montaña de Monjuich en Barcelona. Se construyó para la Exposición Internacional de 1929 y todavía se conserva. Ahora es un centro artesanal y turístico donde se encuentran los museos de artes, industrias y artes populares, y el Museo de Arte Gráfico.

1 Escuche el Extracto 11, en el que Angélica habla de su taller, y responda a las siguientes preguntas:

Listen to Extract 11 and answer the following questions:

(a) Where is Angélica originally from?

(b) What kind of craft does she do?

2 Vuelva a escuchar el extracto y una las palabras y frases españolas con su traducción al inglés:

Listen to Extract 11 again, then link the following words and phrases with their appropriate translations:

(a) el barro	(i) to put
(b) los jarros	(ii) to study at university
(c) sacar los títulos	(iii) to leave the priesthood
(d) ahorcar los hábitos	(iv) to live for X years in X
(e) hacer una carrera	(v) pitchers, jugs
(f) llevar X años en X	(vi) to qualify
(g) colocar	(vii) clay
(h) el horno	(viii) kiln, oven

¿Sabía Ud. que...?

En España las migraciones en masa de los obreros de las zonas rurales empobrecidas a las ciudades empezaron a principios del siglo XX, y la mayoría de los habitantes de las ciudades aún tienen padres o abuelos originarios de las provincias. Esto tuvo graves consecuencias, tanto para las aldeas despobladas como para las ciudades, cuyos habitantes se veían inundados de migrantes económicos que fueron obligados a vivir en las chabolas en los suburbios. Como Barcelona era uno de los dos o tres centros más ricos e industrializados de España, atraía a un gran número de migrantes, procedentes sobre todo de Andalucía y Extremadura.

la aldea village
las chabolas shanty town

3 Coloque el vocabulario del recuadro en la casilla apropiada del cuadro a continuación. Ésta es una buena manera de organizar el vocabulario relacionado con la artesanía.

Why not start a list of words and phrases associated with arts and crafts in your Diario*? Divide the items into five categories, as in the table below. Begin by putting the words and phrases in the box into the correct column, and add others as you learn them.*

útiles tools, implements, equipment

Artesanos	Materiales	Útiles	Procesos	Productos

el artesano, el barro, moldear, el jarro, trabajar el barro, el cristal, el horno, la cerámica

Actividad 2.2

You are now going to listen to the extract again to find out why Angélica moved to Barcelona and took up pottery.

1 Vuelva a escuchar el Extracto 11 y responda a las siguientes preguntas:

Listen to Extract 11 again and answer the following questions:

(a) ¿Por qué se dedica Angélica a la artesanía?

(b) ¿Para qué vino a Barcelona?

(c) ¿Qué problemas tiene?

2 Escuche el Extracto 11 una vez más y ponga las siguientes frases en el orden en que aparecen:

Listen to Extract 11 again and put the following statements into the correct order:

(a) She got the qualifications.

(b) She went to a few places to learn.

(c) She left work.

(d) She looked for something (to do).

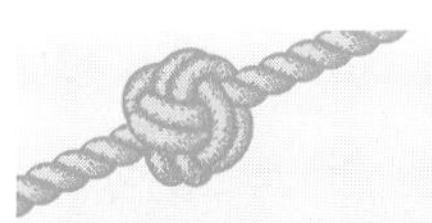

Atando cabos

Expressing reasons using 'porque' and 'como'

As you probably know, *porque* is the most common conjunction used to express reasons. It corresponds to the English 'because' and presents the reason or cause for doing something, e.g.:

Yo me vine a Barcelona **porque** tenía un hermano aquí.
I came to Barcelona because I had a brother here.

Another way of introducing a reason or cause is to use *como*. The clause which it introduces usually comes first:

Como soy una persona muy activa, tuve que buscar algo.
As I am a very active person, I had to look for something.

Como era la mayor, me vine aquí a cuidar a mi hermano.
As I was the oldest, I came here to look after my brother.

G

Notice that *como* does not carry an accent, unlike the interrogative pronoun *cómo*; for more information, refer to your Spanish Grammar, pages 187 and 202.

3 Coloque 'como' o 'porque' en los espacios de las siguientes frases:

Insert como *or* porque *in the gaps in the following sentences:*

Ejemplo

Como al público le gustan mucho los jarros, tengo que seguir haciéndolos.

(a) Trabajo el barro ...... me gusta.

(b) El horno no cabe en el taller ...... es demasiado grande.

(c) ...... no caben todos los cacharros en el taller, he puesto algunos en la tienda.

(d) Los jóvenes no quieren ser artesanos ...... no se gana mucho.

4 Las situaciones que se muestran en las imágenes de la izquierda han causado las acciones en las de la derecha. Ponga 'porque' en lugar de 'como' en las frases y escríbalas otra vez.

The situations in the pictures on the left have caused the actions portrayed in the pictures on the right. Rewrite the sentences using porque *instead of* como.

Ejemplo

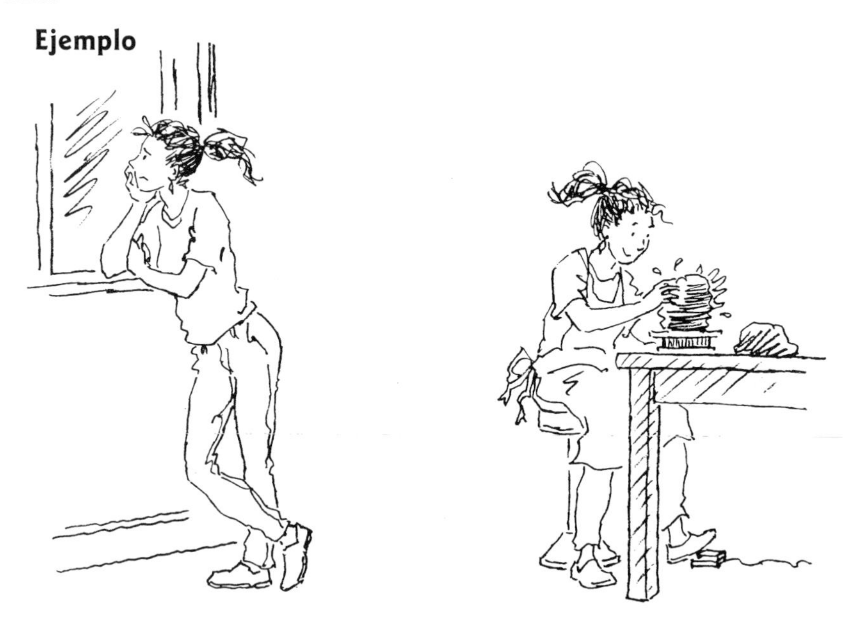

Como Angélica no tenía nada que hacer, empezó a trabajar el barro.

Rewrite as:

Angélica empezó a trabajar el barro porque no tenía nada que hacer.

(a) Como el hermano de Angélica estaba solo, Angélica vino a Barcelona.

(b) Como no le queda pintura, no puede decorar las figuras.

(c) Como el jarro está roto, el cliente está furioso.

Actividad 2.3

You have seen how *como* and *porque* express the reasons for doing (or not doing) something. In the next four *actividades* you will to be introduced to other expressions which can be used to account for actions or decisions.

1 La propietaria de Cerámicas Maravillas ha dejado solo a su aprendiz por un par de horas, pero cuando regresa no está nada contenta. Escuche el Extracto 12 y complete el recuadro siguiente con las respuestas de la conversación. Compruebe sus respuestas en el Cuadernillo de transcripciones.

Listen to Extract 12 and complete the table. Then check your answers in the Transcript Booklet.

¿Qué es lo que le pregunta la propietaria?	¿Cuáles son las excusas que da el aprendiz?
¿Por qué no has terminado de pintar las piezas?	
¿Tampoco has terminado los jarros?	
Y, ¿qué es esto? ¡Estas dos figuras están rotas! ¿Qué has hecho con ellas?	
¿Limpiar? Pero no me digas que has estado limpiando. ¿Por qué está tan sucio el suelo?	
¿Y los moldes? ¿Dónde están?	
¿Y quién es usted?	

Atando cabos

Making excuses

Es que ('It's just that...', 'the thing is...') is a useful way of making excuses. It is normally used only in speech and in very informal writing, such as a letter to a close friend. In the written language, you need to add a pause in the form of a comma or full stop. For example:

No compré el barro. Es que me faltó dinero.

¿Por qué no has comprado el barro? Es que me faltó dinero.

2 En el Extracto 13 tendrá que hacer el papel de un aprendiz bastante incompetente y darle excusas a su jefa. Antes de hacer este ejercicio, compruebe que sabe el significado de las siguientes palabras. Si no es así, búsquelo en el diccionario.

Listen to Extract 13 and make up excuses according to the prompt. But first, check that you know the following vocabulary:

rueda, caer(se), belén, sitio

Actividad 2.4

Por is an important preposition which has several meanings. In this *actividad* you will see how *por* is used to express reasons.

1 Imagínese que visita el Pueblo Español, pero muchas de las tiendas de artesanía están cerradas. Lea los letreros de cuatro de estas tiendas y únalos con su explicación en español:

Read the following shop notices and link them with their meaning in Spanish:

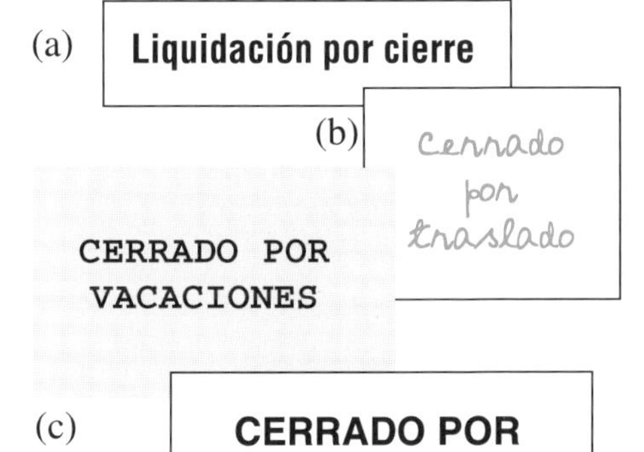

(d) CERRADO POR DEFUNCIÓN

(i) La tienda está cerrada porque los dueños se han tomado unos días libres.

(ii) La tienda está cerrada porque los propietarios la han cambiado a otro sitio.

(iii) La tienda está vendiendo barato porque pronto la van a cerrar.

(iv) La tienda está cerrada porque alguien de la familia de los propietarios se ha muerto.

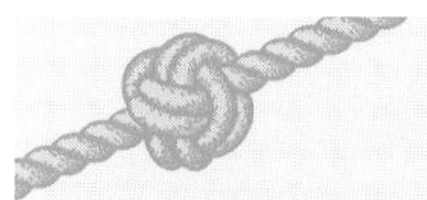

Atando cabos

Uses of 'por'

The preposition *por* has many uses. Here you will deal with three of them:

(a) 'Through' as in 'going through a place':

*El tren pasa **por** Zaragoza.*

(b) Length of time:

*Espera aquí **por** unos minutos.*

(c) Reason, equivalent to the English 'for', 'because of' or 'out of':

*He puesto este jarrón detrás de los demás **por** su tamaño.*
I've put this jug behind the other because of its size.

*No quiere bajar la calidad **por** miedo a perder los clientes.*
She doesn't want to lower the quality for fear of losing the customers.

2 Mire las siguientes frases y diga en inglés cuál es el sentido de 'por' en cada caso:

Look at the following sentences. What is the meaning of por *in each case?*

(a) Empezó a estudiar por miedo a quedarse sin trabajo.

(b) Tienes que dejar secar la vasija por unas horas.

(c) Es el autocar que pasa por Pamplona.

3 'Por' también se usa mucho en proverbios y dichos. ¿Podría decir qué significan éstos a continuación? Busque el equivalente en inglés o explique su significado.

Por *is also often used in popular sayings and proverbs. What are the English equivalents of the following proverbs?*

No por mucho madrugar amanece más temprano.

No hay mal que por bien no venga.

Hoy por mí, mañana por ti.

Here are some popular expressions using *por*. Look for others in your dictionary and note them, together with the proverbs above, in your *Diario*.

Por amor al arte
For love. / For the sake of it.

¡Hazlo, por el amor de Dios!
Do it, for God's sake!

4 Traduzca las frases siguientes al inglés, con referencia a los ejemplos de 'Atando cabos':

Translate the following into English:

Ejemplo

No lo acabaron por falta de tiempo.

They didn't finish it because of lack of time.

(a) Lo puso en el suelo en lugar del estante por su peso. ......

(b) No tenía que hacerlo; lo hizo por amor al arte. ......

(c) Me gustaría si no fuera por el color. ......

(d) Has estropeado estas piezas.
Eso te pasa por no poner atención. ......

Actividad 2.5

1 Los titulares a continuación contienen otras dos expresiones para explicar razones. ¿Puede usted identificarlas?

Can you identify two more expressions for explaining reasons?

galardonado
awarded a prize

sobresaliente
outstanding

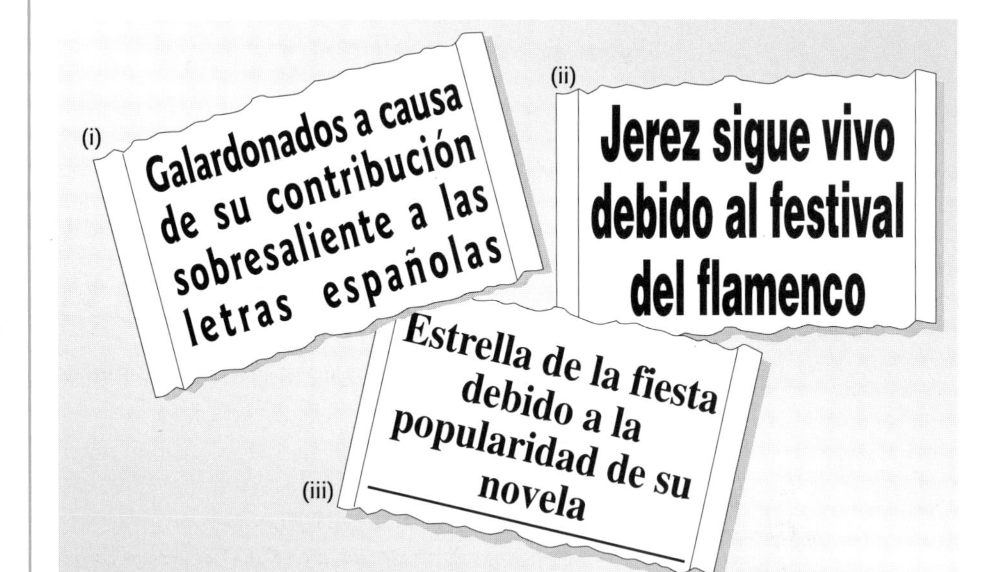

2 Encuentre el texto que corresponda a cada titular y escriba su número con la letra del texto:

Match the headlines in step 1 with the following excerpts from newspaper articles:

el retrato
portrait
la boquilla
cigarette holder
sonriente
smiling
vibrar
to vibrate, quiver (with excitement)
hondo
deep

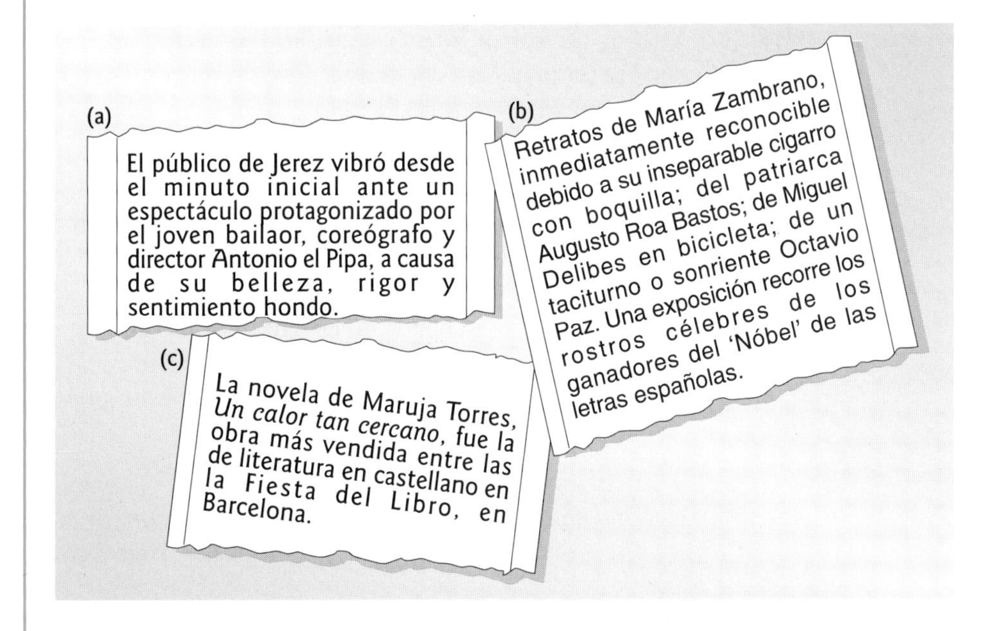
(a)
El público de Jerez vibró desde el minuto inicial ante un espectáculo protagonizado por el joven bailaor, coreógrafo y director Antonio el Pipa, a causa de su belleza, rigor y sentimiento hondo.

(b)
Retratos de María Zambrano, inmediatamente reconocible debido a su inseparable cigarro con boquilla; del patriarca Augusto Roa Bastos; de Miguel Delibes en bicicleta; de un taciturno o sonriente Octavio Paz. Una exposición recorre los rostros célebres de los ganadores del 'Nóbel' de las letras españolas.

(c)
La novela de Maruja Torres, *Un calor tan cercano*, fue la obra más vendida entre las de literatura en castellano en la Fiesta del Libro, en Barcelona.

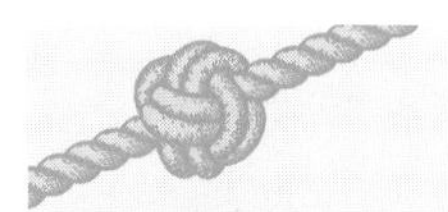

Atando cabos

Expressing reasons with 'debido a' and 'a causa de'

As well as *como, porque, es que* and *por*, there are more formal ways of expressing reason:

debido a; a causa de = *because of; owing to*

They tend to appear in formal writing, such as public notices, newspapers and formal letters, e.g.:

> ***A causa*** *de obras en esta zona, se cortará el gas mañana entre las 2 y las 8 de la tarde.*
> *Owing to road works in this area, the gas supply will be cut off tomorrow between 2 and 8 in the evening.*

Notice that the clause introduced by these expressions may come before or after the main clause of the sentence and that both expressions are usually followed by a noun or noun phrase:

> *El recinto del Pueblo Español permanecerá cerrado hoy, lunes 28 de febrero,* ***debido a*** *rehabilitación de las fachadas.*
>
> ***Debido a*** *posibles accidentes, se ruega al público que no toque las figuras.*
>
> *México es conocido por su cerámica* ***a causa de*** *su larga tradición artesanal.*

Actividad 2.6

Moving on from arts and crafts, there are many other situations in which you need to account for your actions or preferences. For example, you might wish to explain why you think learning a language is important.

1 Lea los comentarios en la página siguiente en los que diferentes personas nos cuentan las razones por las que están aprendiendo una lengua:

Read the comments on the following page in which people tell us their reasons for learning a new language:

2 Escuche las respuestas en el Extracto 14 con las que diferentes personas opinan sobre la importancia de aprender otras lenguas. Deduzca las preguntas a partir de sus respuestas. Hable después de escuchar las **cuatro** respuestas.

Listen to the answers different people give to questions about learning languages and deduce what the questions are from what they say. Speak in the gap on the tape, after listening to the ***four*** *answers.*

Tengo que viajar mucho, debido a mi trabajo, y me siento muy en desventaja si no entiendo o hablo la lengua.

Como tengo amigos en muchos países de habla hispana, me gustaría poder hablarles en su idioma.

A mí me gusta saber un poco de las culturas de los países extranjeros porque te da una perspectiva más amplia de tu propia cultura.

Como me parece un poco mal educado ir a un país e insistir que te hablen en tu propia lengua, siempre intento aprender un poco el idioma antes de visitar un país.

Sesión 2 La vida en barro

The video sequence for this session was filmed in Mexico, a country rich in arts and crafts of all descriptions. You will get a glimpse of some of them, and listen to a potter, Alberto de León Casillo, talking about his creations.

Actividad 2.7

Before you meet Alberto, read the following:

Sabía Ud. que...

La mayoría de los países de América Latina fueron convertidos al catolicismo durante el siglo XVI, cuando el celo misionero de los conquistadores fue sólo igual a su deseo por el oro americano. México es todavía un país católico, pero como en España, muchos de los jóvenes no son practicantes.

1 Vea la primera parte del vídeo (01:06:46 – 01:08:47) sin sonido. Después, escriba en español qué son las siguientes imágenes del vídeo. Podrá verificar sus respuestas cuando vea de nuevo el vídeo, esta vez con sonido.

Watch the video sequence with the sound switched off, then label the pictures in Spanish. You can check the words by watching the video again, this time with the sound.

Ejemplo

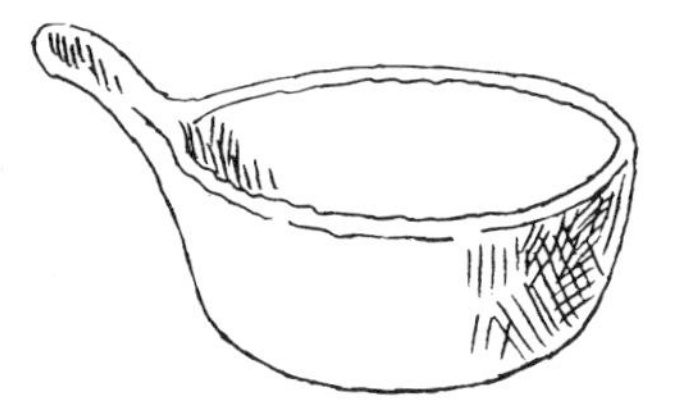

Una cazuela de barro

(a) (b) (c)

Sabía Ud. que...

Según la tradición judeocristiana, Dios creó el Paraíso y les permitió a Adán y Eva vivir allí – pero les prohibió tocar la fruta del Árbol de la Vida. El Diablo, que se había transformado en serpiente, le ofreció a Eva una manzana. Ella no pudo resistir la tentación de probarla y se la ofreció a Adán, quien también la probó. Como consecuencia, Dios le dijo a San Miguel Arcángel que les expulsara del Paraíso.

2 Vea otra vez la primera parte del vídeo en la que Alberto describe el árbol de la vida que ha hecho. Responda a las siguientes preguntas en español:

Watch the first part of the video again, in which Alberto describes his 'tree of life', and answer the questions below in Spanish:

(a) ¿Por qué es famoso Metepec (México)?

(b) ¿Cuáles son las figuras que tiene el árbol de la vida de Alberto?

Atando cabos

'Por' in passive sentences

Alberto says:

*'al Demonio, que [...] está representado **por** la serpiente.'*

This is another use of the preposition *por*. Here it introduces the agent, or 'doer' of the action. Other examples are:

*La artesanía mexicana es apreciada **por** muchos.*
Mexican crafts are highly regarded.

*Los jarros son fabricados **por** una compañía local.*
The jugs are made by a local company.

These are called passive constructions and are used when the action ('what is done') is more important than the agent ('doer' of the action). Passive constructions are formed with the verb 'to be' (i.e. *ser* and *estar*) plus the past participle (e.g. *pintado, hecho*), which must agree in number and gender with the subject.

You may wish to refer to your Spanish grammar, pages 64–66, for further information about the passive.

3 Learning how to analyse a sentence and what the different parts are called will speed up your learning, since this will help you to see rules rather than just individual examples. For more information, refer to pages 16, 17 and 18 of the Study Guide.

Analice las siguientes frases y complete la tabla a continuación:

Place the correct parts of the following sentences under the appropriate headings in the table below:

Las figuras son pintadas **por** los artistas.

El Demonio está representado **por** la serpiente

Los jarros son fabricados **por** la compañía local.

Subject	Estar/Ser	Past Participle	Agent

¡Ojo!: This type of passive is rather formal and does not often appear in spontaneous speech. On the other hand, constructions with *se* which express the same ideas (e.g. *el año pasado* ***se vendieron*** *muchas figuras de barro*) are more common in Spanish. For more information on the passive, refer to your Spanish Grammar, pp. 64-65.

G

Actividad 2.8

1 Busque la frase o la palabra en la columna de la derecha que mejor complemente la de la izquierda. Únalas con 'por'.

Match up the beginnings of the following sentences with their endings, joining them with por. *How would you translate* por *into English in this context?*

Ejemplo

(a) – (ii) El Paraíso fue creado **por** Dios.

(a) El Paraíso fue creado…	(i) los árboles de la vida.
(b) Una gran variedad de temas están representados…	(ii) Dios.
(c) El Día de los Muertos es celebrado…	(iii) muchos mexicanos.
(d) La escultura del árbol de la vida fue hecha…	(iv) las bolas.
(e) Las manzanas están representadas…	(v) Alberto.

Actividad 2.9

You are now going to go back to the Pueblo Español in Barcelona.

Complete este breve resumen del Pueblo Español poniendo los verbos que se le dan entre paréntesis en la voz pasiva. Fíjese que algunos verbos deben escribirse en presente y otros en pasado.

Complete the following summary about the Pueblo Español with the appropriate passive form of the verbs:

El Pueblo Español ...... (ser / construir) en 1929 por los arquitectos Francesc Folguera y Ramón Ranventós. Este recinto ...... (ser / conocer) por los artesanos que trabajan allí. Además las distintas regiones de España ...... (estar / representar) por la arquitectura. Aragón ...... (estar / representar) por el Campanar de la iglesia de Utebo, Ávila ...... (estar / representar) por la puerta de acceso y Sevilla por la calle de los arcos.

Pronunciación

Do the exercises in *Prácticas 30* and *31* of your Pronunciation Practice Cassette and Booklet, which concentrate on combinations of consonants and their assimilation.

Sesión 3 Artesanía reciclable

Actividad 2.10

In this session you will watch a glass-blower at work and listen to him talking about the craft.

1 Analice las palabras a continuación y únalas con sus equivalentes en inglés utilizando las estrategias explicadas a continuación. Tome nota del nuevo vocabulario en su Diario.

Before listening to the glass-blower, you should familiarize yourself with a few words, since some of the terms he uses are quite specialized. The purpose of this exercise is to develop further your ability to make educated guesses about the meaning of words where you have little or no context to help you. Use your knowledge of other languages, similarities between Spanish and English words, Spanish grammar and even a process of elimination to help you.

Study the vocabulary below and match the Spanish to its English equivalent using the strategies explained above.

el vidrio	handle
la caña	raw material
soplar	mould
el molde	pole
el asa	recyclable
el chorro	olive oil cruet
la masa	spout
reciclable	workshop
el humo	glass
el taller	smoke
la alcuza	to blow

2 Ahora vea la secuencia de vídeo (01:08:48 – 01:10:50) y confirme sus predicciones.

Now watch the video and confirm your guesses.

3 Vuelva a ver el vídeo y responda a las siguientes preguntas en español:

Watch the video again and answer the following questions in Spanish:

(a) ¿Por qué Emilio Capdevila se dedica a la artesanía de vidrio?

(b) ¿Qué está haciendo hoy?

(c) ¿Por cuánto se vende la alcuza?

(d) ¿Por qué el vidrio es una industria 'verde'?

4 Para verificar que ha entendido bien el vídeo, corrija la siguientes frases y escriba la versión correcta. Los nombres son todos correctos.

To check your understanding of the video, correct the following sentences rewriting them as they are spoken on the video.

Ejemplo

Ésta es una tienda de vidrio en el recinto del Pueblo Español de Barcelona.

Éste es un **taller** de vidrio en el recinto del Pueblo Español de Barcelona.

(a) ¿Por qué detestas la artesanía del vidrio?

(b) Y es un oficio que me cansa.

(c) A la gente le encanta verte rebajar el vidrio, y lo compra.

(d) ¿Cuándo se ven estas piernas, por ejemplo, en la alcoba?

(e) …. todo es restituible y no hay zumo.

Actividad 2.11

You are now going to practise other ways of talking about prices. First, read the following notes:

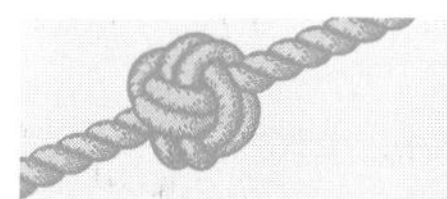

Atando cabos

Asking for and giving prices using 'por'

You probably already know different ways of asking prices, such as *¿Cuánto cuesta?* and *¿Cuánto es?* You can also use the preposition *por,* as in the following sentences:

¿Por cuánto se venden estas piezas?

Lo vendemos por mil cien pesetas.

If you want to say that something is extremely expensive, you can use the following expressions:

Este jarro vale un ojo de la cara.
This jug costs an arm and a leg.

Este cuadro vale un dineral.
This picture costs a fortune.

1 Responda a las siguientes preguntas con la ayuda de las imágenes:

Answer the following questions using the pictures as cues:

Ejemplo

¿Por cuánto compraste este jarro?

Lo compré por 1.950 pesetas.

(a) ¿Por cuánto se venden esas reproducciones?

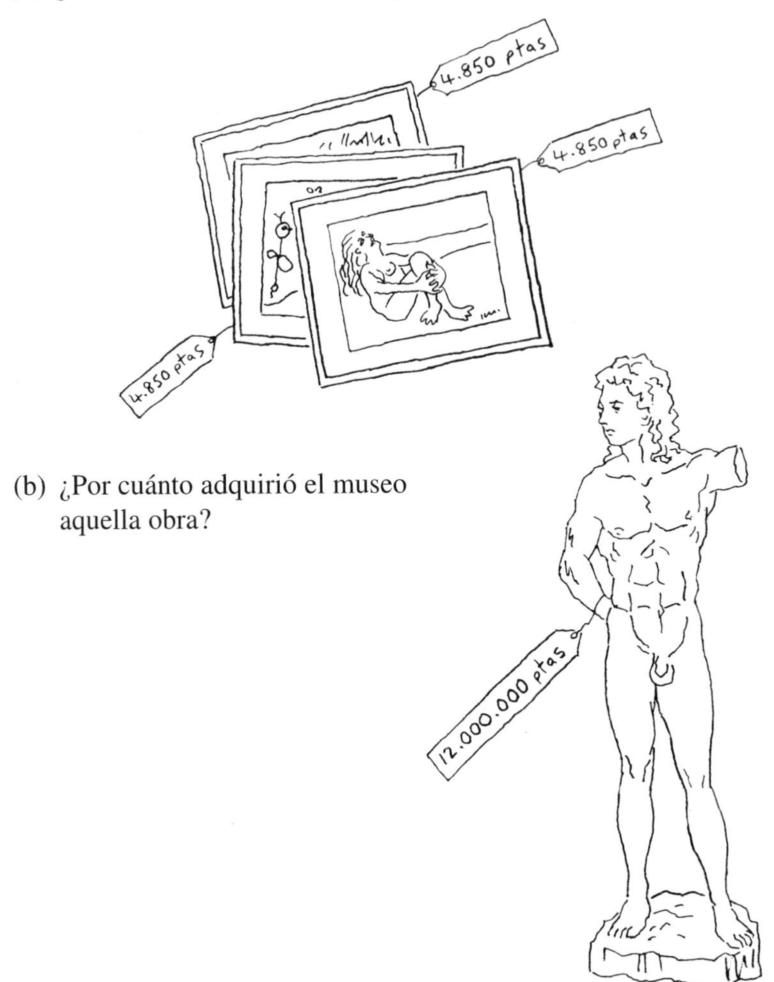

(b) ¿Por cuánto adquirió el museo aquella obra?

(c) Vi esta pieza en el mercado por 1.700 pesetas, y ustedes, ¿por cuánto la venden?

2 Usted tiene un puesto de cerámica en un mercado español. La gente se para para preguntarle cuánto cuestan los objetos. Vaya al Extracto 15 de la Cinta de actividades y responda a las preguntas.

Several passers-by stop at your market stall and ask you the prices of the items below. Answer their questions in the gaps on the cassette.

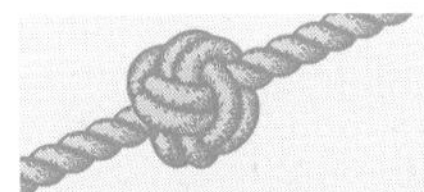

Atando cabos

Other uses of 'por'

Por is also used in the video sequence to refer to a future objective:

> *... (hay)... mucho por descubrir.*
>
> *He escrito algunas cartas, pero todavía me quedan muchas por escribir.*

Por often appears in set phrases. Study the following examples:

> *Eso es hablar por hablar.*
>
> *Te lo digo por tu bien.*
>
> *Muchas gracias por todo.*
>
> *Hoy por mí, mañana por ti.*

3 Traduzca las siguientes frases al inglés, pero ¡ojo!, no se pueden traducir siempre palabra por palabra.

Translate the following sentences into English. Be careful, because you cannot always translate them word for word.

Ejemplo

Hazlo. Será por tu bien.

Do it. It will be to your advantage.

(a) Es un trabajo muy mal pagado. Lo hace por amor al arte.

(b) Daría cualquier cosa por adquirir esta pieza.

(c) No es artesana. Trabaja el barro por hacer algo.

(d) No vendería esta estatua por nada del mundo.

Actividad 2.12

You are now going to meet Emilio Capdevila, a glass-blower from Barcelona. You will revise your knowledge of the present continuous tense to talk about how he practises his craft.

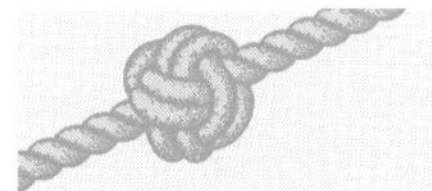

Atando cabos

Talking about what is going on

In order to describe an activity that is actually going on, you can use *estar* + present participle, or gerund, to form what is called the present continuous or present progressive tense. This is always translated in English by 'to be + -ing', and is used to convey the idea of an ongoing activity, something that is happening at this moment.

The present participle is formed by adding *–ando* to the stem of 'ar' verbs and *–iendo* to the stem of 'er' and 'ir' verbs:

pint**ar**	pint**ando**
expon**er**	expon**iendo**
escrib**ir**	escrib**iendo**

When the present continuous tense is used with pronominal verbs, the indirect pronoun (*me, te, se, nos, os*) is placed either **before** or **after** the verb form, e.g.:

Se está levantando.

or

Está levantándose.

1 Vea la secuencia de vídeo (01:08:50 – 01:01:11) y escriba lo que está pasando en cada dibujo:

Watch the video sequence and write what is happening in each scene, as in the example.

Ejemplo

Emilio Capdevila *está trabajando* en su taller. (trabajar)

(a)

Hoy . . . . . . una alcuza. (hacer)

(b)

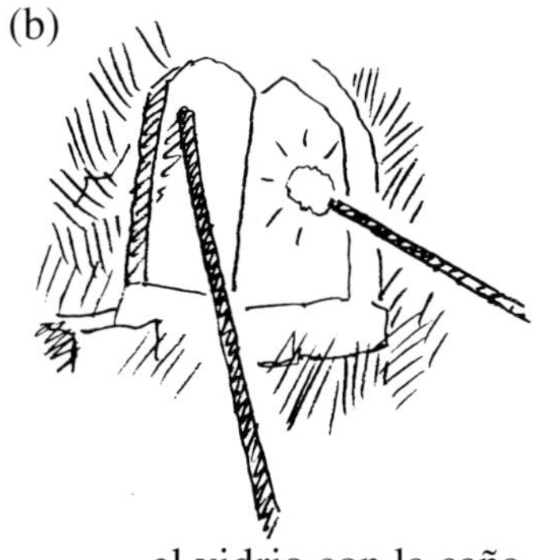

. . . . . . el vidrio con la caña. (sacar)

(c)

. . . . . . dentro del molde. (soplar)

(d)

. . . . . . el asa a la alcuza. (poner)

2 Ahora vea el vídeo sin el sonido y prepare un comentario de unas 100 palabras. Puede utilizar las frases que están arriba, e incluso añadir otras. Si lo desea, grábese.

Now watch the video with the sound switched off and prepare a running commentary on what is happening. If you wish, record yourself.

Remember to add new words to your vocabulary list for arts and crafts.

Actividad 2.13

Atando cabos

Describing a process

In the previous activity, you were able to describe what was going on at each stage in the process of making an *alcuza*. However, as you know, if you want to explain to someone how something is done, it is usual to use *se* + the 3rd person, as Emilio did on the video:

... se saca el vidrio... *... the glass is taken out...*

... se le pone el asa... *... the handle is put on it...*

Remember that when you want to say that something is done to, on, with or for something else, you need to use the object pronoun *le* or *les*:

*Se **le** pone el chorro.*

*Se **les** ponen las tapas.*

Vea otra vez la secuencia de vídeo y coloque los verbos del recuadro en los espacios que les correspondan en las siguientes frases:

Watch the video again and put the verbs in the box into the gaps in the sentences below:

Ejemplo

¿Cómo ......?

¿Cómo **se hace**?

1 ...... el vidrio con la caña.

2 ...... dentro del molde.

3 ...... la boca.

4 ...... el asa y luego el chorro.

se le pone, ~~**se hace**~~, se sopla, se le abre, se saca

Actividad 2.14

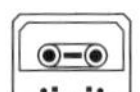

Escuche en el Extracto 16 de la Cinta de actividades un resumen de la historia de Angélica y responda a las preguntas sobre ella. Después dé sus propias respuestas a estas preguntas. Si quiere, puede preparar las respuestas a las siguientes preguntas de antemano:

Listen to a summary of Angélica's story and answer the questions. Prepare to answer the questions below if you wish:

¿A qué se dedica?

¿Lleva mucho tiempo trabajando?

¿Cuáles son las dificultades que tiene?

¿Le gusta ganarse la vida de este modo?

Pronunciación

Do the exercises in *Práctica 33* of your Pronunciation Practice Cassette and Booklet, which concentrate on the letter 'x'.

Unidad 3

¿Arte contemplativo?

Learning Objectives

By the end of this *unidad* you should be able to:

- Describe, and give your opinion on, artists and their work;
- Describe a picture;
- Describe a scene or event you are witnessing.

Key Learning Points

Sesión 1

- Identifying and distinguishing between objects using demonstrative adjectives and pronouns.
- Describing a state using *estar* + present participle.

Sesión 2

- Developing listening skills further.
- Expressing your feelings and emotions.

Sesión 3

- Describing what you like doing.
- Saying how long you have been doing something.

Study chart

Activity	Timing (minutes)	Learning point	Materials
		Sesión 1 Pinturas y museos	
3.1	40	Three Latin American artists: extending vocabulary	Activities Cassette, Transcript Booklet
3.2	30	An art exhibition in Ecuador: identifying objects using demonstrative adjectives and pronouns	Activities Cassette
3.3	20	Referring to different pictures: further practice of demonstrative adjectives and pronouns	
3.4	30	Describing a scene or event: *estar* + past participle	
3.5	30	At an art exhibition: choosing vocabulary appropriately	Activities Cassette
		Sesión 2 El día de los enamorados	
3.6	40	Listening comprehension: identifying and expressing emotions	Audio Drama Cassette
3.7	30	Expressing emotions; predicting what's going to happen next	Activities Cassette
	15	**Pronunciation:** words with two stresses	Pronunciation Practice Cassette and Booklet
		Sesión 3 El artista dentro de cada uno	
3.8	20	Vocabulary revision: artistic activities	
3.9	35	Expressing how long someone has been doing something	
3.10	40	Practising (*desde*) *hace*, *desde que*, *hace... que*, *llevar... haciendo* and *cumplir...*	Activities Cassette
3.11	30	Reconstructing an interview: putting notes in order	

Sesión 1 Pinturas y museos

In this session you will find out about the work of three famous Latin American artists and experience a guided tour of a gallery in Baños, Ecuador. You will then hear the reactions of some visitors at an exhibition in Pamplona, Spain.

Actividad 3.1

In this *actividad* you are going to learn how to describe a picture in Spanish. By extension, this will enable you to describe any scene in the future.

1 Mire las siguientes palabras e intente adivinar su significado usando las estrategias que aprendió en la Actividad 2.10:

Try to work out the meaning of the following words and expressions without using a dictionary:

(a) la naturaleza muerta ......
el autorretrato ......
el paisaje ......

(b) el surrealismo ......
el cubismo ......
el modernismo ......

(c) la obra ......
el cuadro ......
la imagen ......

(d) el telón de fondo ......

(e) la alegoría ......
la iconografía ......
la síntesis ......

(f) inspirarse ......
absorber ......

2 Como ya sabe, una buena estrategia para memorizar vocabulario nuevo es organizarlo en grupos. ¿Cuál es la lógica de los grupos anteriores?

As you know, it is easier to learn new vocabulary if you divide it into groups. What is the logic behind the groupings above?

3 Lea el siguiente artículo y diga por qué se les llama 'antropófagas' a las pintoras:

Read the following passage and say why the artists are called 'cannibals':

La antropofagia de tres artistas latinoamericanas

La antropofagia es un fenómeno que se ha producido en todas las épocas y en todos los países, especialmente durante este siglo. Los artistas se han nutrido sin reparo de la obra de arte. Unos, los que estaban en Europa, miraron hacia África; otros, los que vivían en Latinoamérica, nutrieron su mirada con el arte de esta orilla. Todos tamizaron y adaptaron algunos fragmentos de esa historia a su entorno.

Las pintoras Tarsila do Amaral, Frida Kahlo y Amelia Peláez son tres ejemplos de cómo supieron absorber el arte europeo, adaptándolo, sin renunciar a sus raíces, a las corrientes del siglo XX.

la antropofagia cannibalism
nutrirse de to feed on
la orilla shore (in text: these shores)
tamizar to filter
el entorno surroundings

(Basado en un artículo de Sierra, R., aparecido en *El Mundo*, 11 de febrero de 1997.)

4 Escuche el Extracto 17 en la Cinta de actividades en el que el guía de la exposición nos cuenta quiénes son estas pintoras. Luego complete el texto a continuación. Compruebe sus respuestas en el Cuadernillo de transcripciones.

Listen to what the exhibition guide says about each artist and write the missing words in the gaps below. Check your answer in the Transcript Booklet.

Frida Kahlo es quizás la ...... mexicana más popular. Ella quedó lisiada después de un accidente de tránsito a los 19 años. Kahlo se valió de su ...... para comunicar su desgracia, sus sentimientos y sus obsesiones. ...., con frutas de vivos colores y formas provocadoras, ... y ...... sobre la muerte componen la ...... de Frida Kahlo, quien se inspiró en los ...... y en la .... para realizar su trabajo.

Tarsila do Amaral es la pintora brasileña que nunca olvidó sus raíces, a pesar de las muchas influencias del Viejo Continente. El progreso convive en sus ...... con sus recuerdos de infancia. Sus ...... son una síntesis de .... y del ...... que había absorbido de Léger.

Amelia Peláez es una de las figuras más interesantes del grupo de artistas ...... que comienza a echar raíces en Cuba en torno a 1920. Las naturalezas muertas con ...... y ...... como telón de fondo y distintos ...... son los principales ...... de sus obras.

Add the new vocabulary relating to painting to your *Diario* and try new ways of remembering it. For example, you might like to colour-code nouns according to their gender.

Actividad 3.2

You are now going to listen to another guide talking about artists in Ecuador.

1 Escuche el Extracto 18 de la Cinta de actividades en el que un guía de una exposición en Baños, Ecuador, nos cuenta quiénes son varios artistas del lugar. Luego complete la siguiente tabla con la información que se le da en forma de notas:

Listen to Extract 18 on the Activities Cassette and complete the following table:

Nombre	Profesión	Otra información
Luís Agustín Vieira		Nace en Baños en 1911. Trabaja en Colombia. Principales obras: busto al general Santander, monumento al bombero Omar, monumento al líder liberal Jorge Eliecer Gaitán.
Jaime Villa		
Grace Solís		
Wilfrido Acosta		

el escultor sculptor
el busto bust
el premio prize
el grabado engraving
destacar(se) to stand out
la alegría gaiety/joy

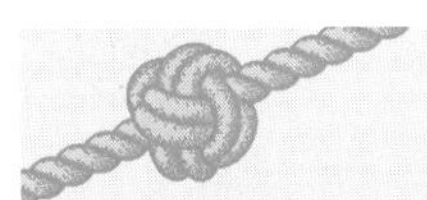

Atando cabos

está / esta / ésta

You need to be aware of the difference between these three words, which sound and look very similar but have very distinct functions within the sentence:

(a) *Está* with an accent on the 'á' means 'he/she/it is', and is the 3rd person singular of the verb *estar*, e.g.:

El cuadro de Las meninas *de Velázquez está en el Museo del Prado.*

(b) *Esta* means 'this' and is a demonstrative adjective (like *este/estos, ese/esos, aquel/aquellos*). It is followed by the noun that it refers to, e.g.:

Esta pintura es de Frida Kahlo.

(c) *Ésta* with an accent on the 'é' means 'this one' and is a demonstrative pronoun (like *éste / éstos, ése / ésos, aquél / aquéllos*) and it substitutes a noun, e.g.:

¿Qué pintura te gusta más? Ésta.

2 Mire las siguientes frases del Extracto 18 y, si es necesario, póngale a **esta** una tilde según la categoría gramatical a la que corresponda:

Look at the following sentences and, if necessary, place the accent on the 'esta' according to which of the three grammatical categories it belongs to:

(i) … y por eso quizás destacan su riqueza del color y toda **esta** alegría festiva.

(ii) Ahora, **esta** es Grace Solís que es quizás la mayor representante de la nueva generación.

(iii) Por ejemplo entre sus principales esculturas podemos decir **esta**.

Actividad 3.3

In this *actividad* you are going to practise the demonstrative adjectives. You might want to refer to page 138 of your Spanish Grammar to revise them first.

1 Estas dos personas están hablando de unos cuadros. ¿Cuáles son las obras a que se refieren en cada una de las frases que siguen? Tiene que pensar en la distancia entre las pinturas y las personas.

These two people are in an art gallery, discussing the paintings. Which picture are they talking about in each of the sentences below? You need to think about how near the pictures are to the speakers.

(a) A mí me gusta este cuadro. Picture ……

(b) ¿Qué te parece aquel cuadro? Picture ……

(c) Ese cuadro es más sencillo que este cuadro, pero más detallado que aquel cuadro. Pictures …… …… and ……

(d) El que más me gusta es ese cuadro. Picture ……

2 Habrá notado que las frases anteriores suenan poco naturales cuando se repite el sustantivo, en este caso 'el cuadro'. Sustituya el adjetivo demostrativo de las frases del paso anterior por el pronombre demostrativo. Acuérdese de que al usar el pronombre no necesita el sustantivo 'el cuadro'.

Rewrite the sentences above, removing el cuadro *and substituting the demonstrative adjective with a pronoun.*

Ejemplo

(a) A mí me gusta este cuadro.

You write:

(a) A mí me gusta éste.

Actividad 3.4

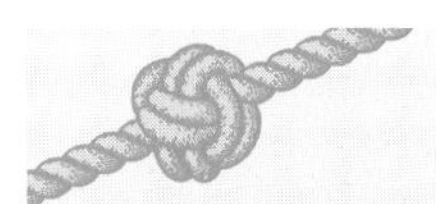

Atando cabos

Describing a state using 'estar' + past participle

When describing a picture, you need to set the scene. There might be some objects or figures which are static, and which provide the background for the action or story which is portrayed in the picture. One way of doing this is to use *estar* + past participle, e.g.:

La mujer está sentada en un sillón.
The woman is sitting (seated) on a chair.

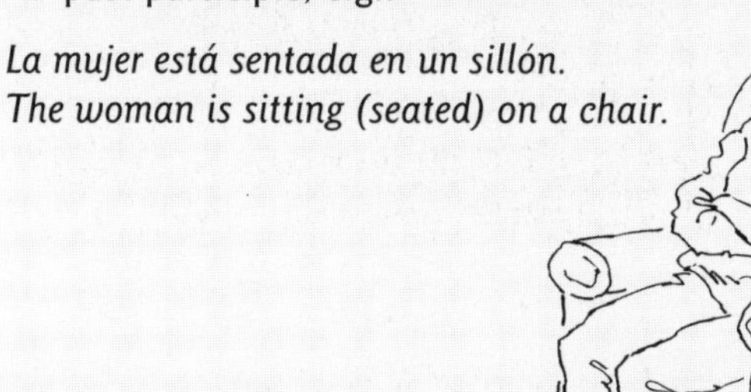

Las ventanas están cerradas.
The windows are closed.

1 En las frases a continuación se describe una pintura. Mire el cuadro y complete los espacios con 'estar' y el participio pasado del verbo indicado. Acuérdese de la concordancia del participio con el sujeto.

Look at the picture below and complete the gaps with the appropriate part of estar *and the past participle of the verb in brackets. Remember to make the past participle agree with the subject.*

(*De chères et nobles femmes*, Giovanni Boccaccio, Spencer Collection, MS 33, f. 37v., French, c. 1470, New York Public Library, Astor, Lenox and Tilden Foundations.)

Ejemplo

Un retrato de una mujer ...... (colgar) en el marco de la puerta.

Un retrato de una mujer **está colgado** en el marco de la puerta.

(a) Cinco pinturas de distintos colores .... (colocar) al alcance de la pintora.

(b) El cuadro que está pintando .... (apoyar) en el caballete.

(c) En el fondo, la puerta .... (abrir).

(d) En la mesa larga hay una estatua que .... (tender) boca arriba.

(e) Hay dos cuadros más que .... (apoyar) en la pared.

(f) El conjunto .... (hacer) en vivos colores.

2 ¿Cuál es la diferencia entre las frases en estas parejas? Escriba las frases en inglés para saberlo.

What is the difference in meaning between the sentences in each pair?

(a) (i) Está sentada en la silla.

(ii) Está sentándose en la silla.

(b) (i) La ventana está cerrada.

(ii) Ana está cerrando la ventana.

(c) (i) La novela está escrita en inglés.

(ii) Está escribiendo la novela en inglés.

3 Elija una de las pinturas más abajo y escriba un párrafo de unas 50 palabras para describirla:

Choose one of the paintings below and write a short paragraph to describe it:

(a)

(b)

(c)

4 Ahora va a describir 'un cuadro costumbrista' usando su entorno como referencia. Escriba un párrafo de unas 60 palabras contando qué hacen sus familiares y cómo están puestas las cosas a su alrededor.

Now describe what is going on in your house. Write about 100 words.

Actividad 3.5

To end this session you are going to listen to some people who have just come out of a contemporary art exhibition in Pamplona, Spain.

1 Escuche el Extracto 19 en la Cinta de actividades e indique si las siguientes frases son verdaderas o falsas:

Listen to Extract 19 and say whether the following sentences are true or false:

	Verdadero	Falso
(a) Acaban de ver una exposición.	☑	❑
(b) Es invierno en Pamplona.	❑	❑
(c) Sólo expone un artista.	❑	❑
(d) El estilo de las pinturas es muy clásico.	❑	❑
(e) El público piensa que el artista tiene futuro.	❑	❑
(f) Entrevistan a más de tres personas.	❑	❑
(g) A todos los entrevistados les ha gustado.	❑	❑

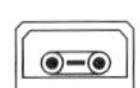

2 Escuche otra vez el Extracto 19 en la Cinta de actividades. Mientras escucha, marque en la tabla los adjetivos que se utilizan para describir a Jon Ortazu y su obra:

Listen to the extract again and tick the adjectives used to describe Jon Ortazu and his work:

	El artista	La obra
audaz		
sereno, -na		
joven		
inteligente		
maduro, -ra		
interesante		
rico, -ca		

3 Relacione cada adjetivo de la columna de la izquierda con su antónimo en la columna de la derecha:

Match each adjective on the left with its antonym on the right:

	Antónimos
audaz	anticuado, -da
sereno, -na	inmaduro, -ra
joven	torpe
inteligente	confuso, -sa
maduro, -ra	conformista
interesante	pobre
rico, -ca	aburrido, -da

Del dicho al hecho

Get hold of a picture postcard and write a description of the scene or object portrayed. Then send it to a Spanish-speaking friend.

Sesión 2 El día de los enamorados

In this session you are going to listen to the sixth episode of the Audio Drama, in which a poem is responsible for the drama that unfolds. You will also learn how to express your feelings and emotions in Spanish. First, read the following poem by a Spanish poet from the Romantic period:

Uno de los poetas españoles más conocidos del periodo romántico es Gustavo Adolfo Bécquer (1836 – 1870). Las Rimas *de este autor son muy populares por su sencillez y belleza. La siguiente es una de ellas:*

'¿Qué es poesía?', dices mientras clavas
en mi pupila tu pupila azul.
'¿Qué es poesía? ¿Y tú me lo preguntas?
Poesía… eres tú.'

(Bécquer, G. A., *Rimas* de Bergua, J. (ed.) *Las mil mejores poesías de la lengua castellana* (31a edición), Ediciones Ibéricas, Madrid.)

Actividad 3.6

In this episode a love poem causes problems between Isabel and Carlos.

1 Eche un vistazo a la siguiente lista de vocabulario y trate de predecir lo que va a pasar en este episodio. Elija una de las posibilidades más abajo.

Look at the vocabulary list, then see if you can predict what is going to happen by choosing one of the possible scenarios that follow.

escrito, -a a máquina

enfadado, -a

firmado, -a

el ramo

extrañarse

los cojines

devolver

pedir prestado, -a

echar un vistazo

(a) Zacarías pide prestado un traje y va a ver a una señora jubilada que conoce. Le trae un ramo de flores bajo el cual ha escondido una sorpresa. Ella echa un vistazo al ramo y se enfada, porque está casada. Sin embargo, cuando ve el tesoro que le ha traído se hace su amante.

(b) Isabel tiene un amante que le ha enviado un poema. Carlos lo encuentra escondido debajo de los cojines, se enfada y se lo quita. Está escrito a máquina y está firmado con el nombre del mejor amigo de Carlos – el que le pidió prestado su mejor traje. Ahora Carlos se da cuenta de que era para salir con su propia mujer, Isabel.

(c) Rosita encuentra un poema escondido bajo los cojines del sofá. Su madre dice que Carlos lo escribió para ella cuando eran novios, pero ve que está dedicado a una tal Rosarito. Piensa que Carlos tiene una amante y cuando él vuelve más tarde, con un ramo de flores que es para ella, Isabel está muy enfadada con él.

Reading a summary of a passage before listening to it can help you predict the content. If possible, always try to get hold of a synopsis.

2 Escuche el sexto episodio del Radiodrama y señale si las frases siguientes son verdaderas o falsas. Luego escriba en español la versión correcta de las que son falsas.

Tick the following statements to show whether they are true or false, then rewrite the incorrect ones in Spanish.

	Verdadero	Falso
(a) Zacarías ha pedido prestado un traje de Carlos porque quiere estar elegante para la fiesta de jubilados.	☑	☐
(b) Isabel encuentra un papel en el sofá.	☐	☐
(c) En el papel hay un poema escrito a mano.	☐	☐
(d) Parece que el poema está escrito por Zacarías y está dedicado a Rosarito.	☐	☐
(e) Isabel piensa que está escrito por Carlos y que es para una amante.	☐	☐

3 Vuelva a escuchar el episodio y averigüe quién de los cuatro – Zacarías, Carlos, Isabel o Rosita – dice lo siguiente en la grabación.

Listen to episode 6 again. Who says what?

(a) '¿Cómo estás, mi amor?'

(b) 'Aquí en el bolsillo traigo algo especial.'

(c) 'Seguro que le va a encantar a tu mujer.'

(d) 'Al fin y al cabo, tu existencia se debe en buena parte a este poema.'

(e) '¡Oye, que el padre aquí soy yo!'

(f) 'Tiene que haber alguna explicación.'

(g) '¿No te parece romántico?'

(h) 'Ahora tengo que salir. Adiós.'

4 Escuche una vez más el sexto episodio del Radiodrama, y decida en qué estado de ánimo están los personajes durante este episodio. Elija el sentimiento de la columna de la derecha que mejor corresponda a lo que dicen los personajes en la columna de la izquierda.

Listen to the episode once again and say what state of mind the characters are in. Link the quotations on the left with the emotions described on the right.

'¡Anda, es un poema! ¡Qué bonito!'	burla cariñosa
'¿De quién será esto?'	admiración
'¡Vaya con el abuelo!'	triunfo
'¡Dios mío, tu papá tiene una amante!'	curiosidad
'¡Ah, estás muy elegante con el traje de papá!'	sorpresa agradable
'¿Ves? Ya te dije que no me iba a estar tan grande.'	alegría cariñosa
'Estoy perfectamente.'	acusación
'Carlos, ¿tú sabes qué día es hoy?'	enfado reprimido
'Es un nuevo poema que he escrito hoy para ti.'	preocupación
'¿Qué es lo que pasa aquí hoy?'	sorpresa desagradable

Actividad 3.7

1 Escuche las frases en el Extracto 20 en la Cinta de actividades y repítalas. Trate de copiar la expresión en sus voces. Si es posible, grabe su propia voz para que pueda comparar su entonación con la de los personajes en el drama.

Listen to Extract 20 and try to copy the intonation in the characters' voices. Record yourself if possible.

2 Para practicar un poco estas frases, vaya al Extracto 21 en la Cinta de actividades y haga el papel de Isabel en la parte del Radiodrama reproducida en la Cinta.

Practise these phrases further by taking the part of Isabel in Extract 21.

3 Y ahora, ¿qué va a pasar? Elija el resultado más probable:

What do you think will happen next? Choose the most likely outcome below:

(a) Ha sido una equivocación porque Zacarías cogió el poema y se lo dedicó a su amante, Rosarito. Un día que estaba sentado en el sofá, se le cayó del bolsillo.

(b) Isabel echará a Carlos y a Zacarías (¡y a su oveja!) de la casa y la amante de Zacarías vendrá a vivir con Isabel y Rosita.

(c) Lo del poema es una broma de Zacarías y, cuando lo descubren, todos se ponen muy enojados con él y planean una venganza terrible.

Pronunciación

Do the exercises in *Práctica 32* of the Pronunciation Practice Cassette and Booklet, which concentrate on words with two stresses.

Sesión 3 El artista dentro de cada uno

In the previous sessions you have looked at different types of artistic professions involving theatre people, cinema critics, crafts people, painters and musicians. You are now going to find out about the various artistic interests of people that do other jobs, and talk about how long they have been doing them for.

Actividad 3.8

Una las dos mitades de cada palabra, y después colóquela bajo la categoría que le corresponda:

Link the two halves of each word in the following table, then write the whole word under the corresponding category:

		Música	Manualidades	Arte/imagen
alfa	rra		alfarería	
vio	leo			
acua	lín			
tex	no			
foto	tiles			
pia	grafía			
guita	laje			
brico	rería			
ó	rela			

Actividad 3.9

Atando cabos

Expressing time span up to the present

There are several ways of expressing how long someone has been doing something:

desde + *(date)*

No lo veo desde el 3 de enero.

Vivo en esta casa desde 1994.

(desde) hace + *(time reference)*

No lo veo desde hace tres meses.

No lo veo hace cinco años.

hace + *(time reference)* + que

Hace dos días que no lo veo.

Hace cinco años que vivo en esta casa.

desde que + *(past event)*

No lo veo desde que se marchó a París.

Vivo en esta casa desde que vine a Madrid en 1994.

llevar + *(time reference)* + *gerund or* sin

Llevo cinco años viviendo en esta casa.

Llevo tres meses sin verlo.

(time reference)* + cumplir + *(specific time)

Mañana cumplimos tres meses sin vernos.

El 1 de noviembre cumplo cinco años viviendo en esta casa.

To situate a completed action in the past, *hace* is used with a time reference:

Vine a esta casa hace 5 años.

Se casaron hace 25 años.

HISPANOAMÉRICA

In Spain the masculine pronouns *le* and *les* are frequently used as direct object pronouns instead of *lo* and *los* when these refer to people. In the text above, for example, a Spaniard might say *Hace dos días que no le veo*. In most of Spanish America, however, this use is considered incorrect.

1 Complete las siguientes frases con la expresión temporal más apropiada del recuadro a continuación:

Complete the following sentences with the most appropriate time expression from the box below:

hace, desde hace, desde que, cumplir, llevar, desde

Entrevistador ¿Cuánto tiempo ...... en el mundo del cine?

Director ...... que me licencié en periodismo en 1993.

Entrevistador ¿Cuánto...... que no rodaba una nueva película?

Director ...... terminé mi último rodaje en marzo.

Entrevistador ¿Ha recibido algún premio ...... empezó su carrera?

Director Sí, ... recibiendo premios desde ...... varios años.

Entrevistador ¿ ...... cuánto que no toma vacaciones?

Director ...... sin vacaciones unos cuantos años.

Entrevistador ¿Ha rodado algo para la nueva película ...... esta mañana?

Director No, no hemos podido rodar ...... tres días porque hay demasiado viento.

Entrevistador A propósito, la semana que viene ...... usted treinta y cinco años. ¡Felicidades!

Director ¡Gracias! Ya ...... unos años que no me siento tan joven.

2 Lea las siguientes notas sobre personas aparecidas en *El arte al alcance de todos* y diga cuánto tiempo llevan haciendo algo:

Read the following notes about people who appear in El arte al alcance de todos *and make sentences about them like those in* Atando cabos*:*

(a) La bruja nocturna – seis años – dedicarse al teatro infantil

(b) Manuel y Lucía – seis meses – trabajar en las Ramblas

(c) Isabel – hace tiempo – perder su copia del poema

(d) Angélica – más años que en Extremadura – vivir en el Pueblo Español

(a)

(c)

(b)

(d)

Actividad 3.10

1 Vaya al Extracto 22 en la Cinta de actividades donde va a practicar las expresiones que acaba de aprender.

Do the exercises on Extract 22 of the Activities Cassette.

2 Vaya al Extracto 23 en la Cinta de actividades. Primero escuche las preguntas y respuestas sobre aficiones artísticas, y después responda a las mismas preguntas sobre usted mismo. Si quiere, puede preparar las respuestas de antemano. A continuación tiene las preguntas:

Do the exercises in Extract 23 of the Activities Cassette.

(a) ¿Practica (o ha practicado) usted alguna actividad artística? ¿Cuál?

(b) ¿Qué otras cosas le gustaría hacer y por qué?

(c) ¿Qué otras cosas hace (o ha hecho) como hobby y por qué?

Actividad 3.11

Jorge and Fernando are two friends who devote part of their spare time to artistic pursuits: Fernando plays the violin and Jorge likes photography. You have interviewed them to get to know what they like doing. However, your notes get mixed up and you want to put them in order.

1 Ordene sus notas relacionando cada una de las respuestas que Jorge y Fernando dieron a las siguientes preguntas:

Put your notes in order, relating the answers they both gave to the following questions:

(1) ¿Cuánto tiempo lleva dedicándose a ello?

(2) ¿Qué es lo que le gusta de practicar este hobby?

(3) ¿Qué estilo tiene?

(4) ¿Por qué le gusta mostrar y compartir su creatividad con los demás?

Notas

(a) Disfruta muchísimo con esta actividad porque se distrae y se relaja. También se dedica a ello para conocer a gente y relacionarse con otros músicos.

(b) Quiere que el público se divierta y que disfrute de los temas, al menos tanto como lo hace él cuando está ensayando.

(c) Le gusta centrarse en el estilo tradicional, no sólo celta, sino también español, bretón y de los países del este.

(d) Lleva haciendo fotos muchísimo tiempo y cada vez le gusta más porque descubre siempre algo nuevo y va haciendo cosas cada vez más difíciles e interesantes.

(e) Lo que más le gusta de publicar su trabajo es que recibe las impresiones de los demás y así, además de alimentar su ego, aprende de los comentarios de la gente.

(f) Un enfoque basado en el reportaje es el que más le va, ya que con él puede poner de manifiesto diferentes maneras de ver el mundo.

(g) Le encanta porque puede capturar imágenes de todo lo que le rodea, especialmente de las personas. Esto le hace viajar y conocer gente nueva.

(h) Toca desde hace quince años y aunque empezó sólo como hobby, ahora se lo está tomando más en serio y tiene bastantes actuaciones, sobre todo en bares.

Fernando – violinista	Jorge – fotógrafo
(1)	(1)
(2)	(2)
(3)	(3)
(4)	(4)

2 Y usted, ¿practica algún hobby artístico? Si no, ¿conoce alguien que lo haga? Conteste por escrito a las mismas preguntas que contestaron Jorge y Fernando. Escriba sobre usted o alguien que conozca.

Answer the same questions that Jorge and Fernando answered. Write either about yourself or about someone you know.

When you write, try to do so by answering a series of logical questions in your mind. This will enable you to plan the structure and will make the task of writing easier by helping you develop the information step by step.

Unidad 4 Repaso

Revision Objectives

By the end of this *unidad* you will have revised how to:

- Clarify what was said;
- Express reasons;
- Express length of time;
- Describe a scene;
- Use vocabulary relating to the arts.

Key Revision Points

Sesión 1

- Clarifying what was said using indefinite pronouns.
- Expressing reasons using *por, debido a, a causa de* and *como*.
- Practising vocabulary relating to the performing arts.

Sesión 2

- Using *desde hace, hace* and *llevar* to express time span.
- Describing actions and static backgrounds.
- Saying that something is the best or worst of its kind.
- Revising vocabulary relating to the visual arts.

Study chart

Activity	Timing (minutes)	Learning point	Materials
		Sesión 1 **Lo clásico y lo moderno**	
4.1	30	*¿Qué tipo de espectador es usted?:* revising vocabulary and expressing preferences	
4.2	45	*Flamenco puro*: reading comprehension; practising expressing reasons	
4.3	45	*Nuevos flamencos*: consolidation of vocabulary; reading comprehension; *el gramatikón: el/la/lo/los/las que…*	
		Sesión 2 **Cultura popular**	
4.4	45	*Una tradición familiar*: reading comprehension; describing a scene; how long have they done it for?: expressing duration; expressing reasons	
4.5	45	Expressing tastes and preferences; revising vocabulary	Activities Cassette
4.6	15	Clarifying statements about general culture: *el/la/lo/los/las que…*	
4.7	25	Time for some fun: *crucigrama*	

Sesión 1 Lo clásico y lo moderno

Actividad 4.1

1 ¿Qué tipo de espectador es usted? Complete este cuestionario, luego vaya a la Clave.

What kind of spectator are you? Complete this questionnaire then go to the Clave.

1. Lo que más le gusta una tarde de viernes es...
   - A ... ver un buen programa de televisión. ❑
   - B ... ir al cine a ver una buena película. ❑
   - C ... asistir a un espectáculo innovador con nuevos artistas ❑

2. ¿Con quién suele ir al cine?
   - A Con amigos o con su pareja. ❑
   - B Ir solo/sola le gusta más. ❑
   - C A veces va solo/sola y a veces con gente. ❑

3. 'Lo clásico queda para siempre pero lo moderno pasa de moda.'
   - A Pienso que esto no es cierto. ❑
   - B Creo que es completamente cierto. ❑
   - C Me parece que depende del caso. ❑

4. ¿Cuándo fue la última vez que fue al teatro?
   - A Hace unos días. ❑
   - B Hace unos meses. ❑
   - C Hace más de un año. ❑

5. ¿Va a ver un espectáculo para...
   - A ... distraerse? ❑
   - B ... olvidarse del mundo? ❑
   - C ... aprender más? ❑

6. El cine europeo moderno es ...... que el clásico.
   - A mejor ❑
   - B peor ❑
   - C igual de bueno y malo ❑

7. ¿Cuándo le parece un cuadro excepcional?
   - A Cuando retrata la realidad. ❑
   - B Cuando inventa. ❑
   - C Cuando usted se siente identificado/a con él. ❑

8. ¿Lleva mucho tiempo...
   - A ... practicando alguna actividad artística que le encanta? ❑
   - B ... queriendo hacer algo que le haga expresarse artísticamente? ❑
   - C ... convencido/a de que lo mejor es sólo ser un/a espectador/a? ❑

9. ¿Piensa que el arte abstracto es...
   - A ... muy sugerente? ❑
   - B ... incomprensible? ❑
   - C ... un poco difícil? ❑

10. La canción que acaba de seleccionar en su aparato de música, ¿es...
    - A ... música de artistas famosos con una larga reputación? ❑
    - B ... música clásica de toda la vida o innovadora? ❑
    - C ... música pop/rock con artistas nuevos? ❑

Actividad 4.2

Along with the beautiful pottery produced by Hispanic artists, the Spanish-speaking world is famous for flamenco music. In the following extract from an article in the Spanish newspaper *El mundo*, the flamenco artiste José Domínguez (nicknamed 'The Goatherd') is asked about his views on life and music.

1 Lea la primera parte de la entrevista y responda a las preguntas en inglés. José Domínguez usa un lenguaje muy coloquial, así que no trate de entender todas las palabras, sino de comprender el sentido general.

Read the first part of the interview and answer the questions in English. His language is very colloquial, so do not expect to understand every word.

(a) What is so unusual about the first part of this interview with a famous musician?

(b) Sum up *El Cabrero*'s philosophy of life.

el cantaor
flamenco singer

la vereda
path

la anchura
width

el banquillo de los acusados
the dock

la cabra
goat

caber
to fit

el pastoreo
goat-herding

el buche
belly(ful); mouthful

EL CABRERO

PRIMERA PARTE

José Domínguez 'El Cabrero', cantaor de Aznalcóllar (Sevilla) ha recorrido Estados Unidos y Canadá cantando ante un público que más que en el contenido social de sus canciones se ha detenido en la maestría de sus cantes.

El Mundo

¿Con cuántas cabras sale usted al monte?

José Domínguez

Con más de un ciento. Antes tenía muchas pero las tuve que vender. Han arado casi todas las veredas y las han dejado con la anchura de un tractor. Ya no tenemos por donde ir. Y por no estar tantas veces en el banquillo de los acusados pues decidí quedarme con un ciento de cabezas.

El Mundo

¿Qué le da más dinero, el cante o las cabras?

José Domínguez

¿Dinero, las cabras? Si vale más un litro de agua que un litro de leche... Las cabras dan satisfacciones y disgustos, pero no dinero. Ya no hay un carril por el que quepan. Además el ganado es muy sufrido, no tiene sábados ni domingos. También tiene sus satisfacciones. La verdad es que el pastoreo me gusta como pocas cosas en la vida; no soy hombre de grandes ambiciones. No voy ni a tabernas, aquí en mi casa siempre hay una cervecilla o un buen buche de vino.

(Basado en un artículo de Bueno, A., aparecido en *El Mundo*, el 28/29 de agosto de 1993.)

¿Sabía Ud. que...?

El baile flamenco comenzó a tener un sitio entre los bailes españoles hacia 1800. En patios, ventas y salones, y más tarde en los cafés cantantes se celebraban reuniones y fiestas con baile flamenco.

Los primitivos del toque fueron humildes guitarristas que acompañaban el cante y el baile.

La música flamenca actual está en gran parte marcada por el mestizaje con otras músicas, como el jazz, la salsa, y sones étnicos de muy diversos orígenes. En este terreno es pionero el trabajo de grupos como Pata Negra y Ketama.

2 Lea la segunda parte de la entrevista y explique en inglés qué piensa José Domínguez de su música, qué tipo de flamenco le gusta, y cómo debe el público reaccionar ante la música.

Read the second part of the interview, and explain, in English, El Cabrero's *views on his music.*

EL CABRERO

SEGUNDA PARTE

El Mundo
Sin embargo, usted, flamenco puro por excelencia, nunca ha sido amigo de fusiones en el flamenco.

José Domínguez
El flamenco es otra cosa. ¿Para qué meterle violines si una guitarra rudimentaria le sobra? ¿Fusión? El flamenco te invita a escuchar y lo otro te invita a moverte. Es diferente.

El Mundo
Entonces, prefiere que su público le escuche, que no se mueva.

José Domínguez
Por supuesto, prefiero que el flamenco sea escuchado. Sin embargo, con otras músicas todo el mundo menea los brazos y las caderas.

(ibid.)

sobrar
to be more than enough

menear
to shake; wave

las caderas
hips

3 Complete los espacios en las siguientes frases con uno de los conectores causales del recuadro. ¡Ojo! A veces se pueden usar más de uno. Si quiere, puede repasar las Actividades 2.4, 2.5 y 2.6.

Complete the gaps in the following sentences with a connector from the box below:

por, debido a, a causa de, como

(a) Al público estadounidense le gusta *El Cabrero* tanto ...... su maestría como ...... el contenido social de sus canciones.

(b) Las cabras no pueden pasar por las veredas ...... la falta de espacio.

(c) Se ha quedado con las cabras ...... las satisfacciones que dan.

(d) ...... no es amigo de fusiones en el flamenco, su música se ha quedado pura.

Actividad 4.3

1 Lea el artículo sobre los 'nuevos flamencos' y complételo con una de las palabras del recuadro. Cada palabra corresponde a un espacio.

Read this article about the new flamenco artistes and complete the gaps with the most suitable words from the box:

salsa, músicas, grupos, rock, críticas, músicos, público, discos, flamencos, éxito, críticos

Buscando otros caminos

Los nuevos flamencos se debaten entre el reconocimiento internacional, las buenas (a) ...... y también la necesidad de ganarse poco a poco y con mucho esfuerzo a su (b) ......

Los tradicionales del flamenco los ven como demasiado modernos, poco puristas y temen que puedan destruir el flamenco. Por otra parte los públicos de (c) ...... y pop los siguen considerando un mundo aparte. Sin embargo, si uno deja atrás los prejuicios y se lanza a la piscina musical de los 'nuevos (d) ......' , encuentra sensaciones frescas, que se basan en la tradición, pero no la sustituyen, y para los no iniciados resulta algo bastante asequible.

Los (e) ...... son jóvenes y los músicos vitales. Además, han crecido adorando el flamenco pero teniendo a su alrededor otras (f) .... Por este motivo, los (g) ...... de estos artistas están llenos de influencias del reggae, la (h) ...... , el pop o el jazz.

Kiko Veneno, aunque se puede decir de todo menos que es nuevo, ha obtenido el (i) ...... hace apenas dos años. Después han llegado otros (j) ...... como Ketama, Jorge Pardo y Martirio, que tal vez sean los más conocidos y reconocidos por los (k) ...... , pero aún hay muchos más abriendo nuevos caminos.

2 Para comprobar que ha entendido bien el artículo, vuelva a leerlo y responda a las siguientes preguntas en español.

Read the article a second time and answer the following comprehension questions in Spanish:

(a) ¿Cómo se sitúan los 'nuevos flamencos' en el panorama musical español?

(b) ¿Qué opinión tienen los tradicionales y los públicos de rock y pop sobre ellos?

(c) ¿Cuáles son sus influencias?

(d) ¿Qué músicos son los que destacan?

(e) ¿Hace el autor del artículo una valoración positiva de su música?

3 Esta vez el gramatikón ha cambiado las expresiones 'el que', 'la que', 'lo que', 'los que' y 'las que'. Busque los errores en las siguientes frases y corríjalos. Sólo hay un error en cada frase. Si quiere, puede repasar la Actividad 1.4.

The following statements contain errors. Correct them.

Ejemplo

Los que piensan los tradicionales es que los 'nuevos flamencos' son demasiado modernos y poco puristas.

Lo que piensan los tradicionales es que los 'nuevos flamencos' son demasiado modernos y poco puristas.

(a) Los artistas son famosos, pero que piensa el autor de este artículo es que todavía están poco reconocidos.

(b) Su música tiene muchas influencias. Los que son más aparentes son las influencias del reggae, la salsa, el pop o el jazz.

(c) Lo que aprecian este tipo de flamenco son también los no iniciados, ya que es mucho más fácil de entender que el tradicional.

(d) Asimismo, lo también interesa a los críticos es que algunos grupos son bastante jóvenes y sus seguidores también.

(e) Ha sido importante la participación de varios grupos en el estreno de este tipo de música. Pero que resulta más interesante es la de Kiko Veneno, ya que comenzó su carrera hace muchos años.

Sesión 2 Cultura popular

In this last session of *El arte al alcance de todos* you are going to revise vocabulary relating to arts and crafts, and the performing arts. You will be tested on some cultural facts that you came across earlier in the book, and you will revise the grammatical structures you have learned.

Actividad 4.4

1 En el artículo que aparece a continuación, se describe a Alfonso Castillo Orta, quien recibió un prestigioso premio nacional mexicano en artes y tradiciones populares, y se habla de la importancia que tiene la cerámica en su familia desde hace varias generaciones. Lea el artículo y responda a las preguntas. Si quiere, puede repasar las Actividades 2.12, 3.4, 3.9 y 3.10.

Read the following article and do the exercises below:

el galardón prize
éstos the latter (in this context)
negar to deny
ya que since
alcanzar to reach
el nacimiento crib
la mariposa butterfly

UNA TRADICIÓN FAMILIAR

Una familia que lleva más de un siglo dedicándose a hacer verdaderas joyas de cerámica.

En la casa de Alfonso y Angélica Castillo Hernández todos están sentados frente a una larga mesa de madera. Están decorando con finos pinceles las piezas de cerámica que le valieron a su padre, Alfonso Castillo Orta, el Premio Nacional en Artes y Tradiciones Populares 1996.

El galardón conlleva un reconocimiento no sólo a su creatividad e imaginación – que también ha nutrido su esposa Martha y sus cinco hijos – sino que parece coronar una tradición de familia que comenzó hace más de un siglo y que don Alfonso aprendió de sus padres, así como éstos lo hicieron de sus abuelos, y éstos de sus tatarabuelos.

Recuerda que el trabajo de dar forma al barro era tan cotidiano en su casa, que lo asimiló fácilmente. Sin embargo, no se puede negar que aquel muchacho tenía una sensibilidad especial, ya que sus otros hermanos, aunque aprendieron igualmente el oficio, no alcanzaron el nivel de don Alfonso. Y desde hace más de 40 años sigue modelando piezas como nacimientos, árboles de la vida y cráneos cubiertos de mariposas.

(Basado en un artículo de Bertrán, A., aparecido en *Reforma*, 10 de diciembre de 1996.)

(a) ¿Dónde están los miembros de la familia de Alfonso Castillo Orta?

(b) ¿Qué están haciendo?

(c) ¿Desde hace cuánto tiempo trabajan el barro?

(d) ¿Cómo aprendió don Alfonso a dar forma al barro?

(e) ¿Qué es lo que le distingue de sus hermanos?

2 En este ejercicio usted va a describir una escena como la del artículo anterior. Rellene los espacios con una de las dos construcciones con 'estar' que ha aprendido: 'estar + gerundio' y 'estar + participio pasado'. Use los verbos que se le dan en el recuadro y acuérdese de la concordancia entre los participios pasados y el sujeto. (Vea las Actividades 2.12 y 3.4.)

Complete the gaps using one of the constructions with estar. *The verbs you will need are in the box below. Don't forget to make the past participles agree in number and gender with the subject.*

pintar, sentarse, cubrir, trabajar, colocar

En la casa de esta familia de artesanos, todos (a) ...... frente a una larga mesa de madera. (b) ...... para producir las piezas por las que son conocidos. La mesa (c) ...... de figuras grandes y pequeñas, de pinceles, botes de pintura, piezas de cerámica sin decorar, y cajas llenas de objetos multicolores. Mientras que los padres (d) ...... las piezas, los hijos las meten en las cajas. El reloj grande que (e) ...... junto a la ventana les recuerda que todavía les queda mucho por hacer.

3 Traduzca las frases siguientes al español con una de las construcciones temporales que ha aprendido ('desde hace', 'hace', 'llevar + gerundio'). (Vea las Actividades 3.9 y 3.10.)

Translate the following sentences into Spanish, using an appropriate time expression:

(a) They have dedicated themselves to pottery for more than a century.

(b) The family tradition started more than a century ago.

(c) It has been a family tradition for many years.

4 Las frases siguientes explican la razón y la causa de algunas de las situaciones y acciones en el artículo. Escríbalas de nuevo, sustituyendo 'porque' por 'como'. Es probable que tenga que hacer algunos cambios. Si quiere, puede repasar la Actividad 2.2.

The following sentences explain the reasons for various situations or actions taken in the article. Rewrite them using porque *instead of* como. *You might have to change them quite a bit.*

Ejemplo

Como produce estas piezas de cerámica muy bellas, don Alfonso ha recibido el Premio Nacional.

Ha recibido el Premio Nacional ....

Ha recibido el Premio Nacional **porque produce piezas de cerámica muy bellas**.

(a) Como sus otros hermanos no alcanzaron el nivel de don Alfonso, es evidente que éste tenía una sensibilidad especial.

Sus otros hermanos no alcanzaron el nivel de don Alfonso ....

(b) Como don Alfonso aprendió de sus padres, así como éstos lo hicieron de sus abuelos, y éstos de sus tatarabuelos, es una tradición familiar de hace más de un siglo.

Es una tradición familiar ....

Actividad 4.5

You have been sent the following questionnaire by a Spanish dating agency you have joined, in the hope that, as well as meeting the love of your life, you will be able to get in a little Spanish practice.

1 Señale sus gustos en el formulario que aparece a continuación:

Tick the appropriate boxes to show your tastes and preferences:

¿Cuál prefiere?

1 Música...
... clásica
... moderna
... jazz

2 Arte...
... moderno
... clásico
... surrealista

3 Novelas...
... de ciencia ficción
... autobiográficas
... policíacas

4 Arquitectura...
... clásica
... moderna
... árabe

5 Teatro:
melodrama
musical
tragedia

6 Películas...
... de comedia
... de amor
... de miedo

2 La agencia a la que mandó su formulario le ha puesto en contacto con su media naranja. Prepárese para justificar sus gustos y preferencias culturales por teléfono. Si quiere, puede repasar las Actividades 1.4, 1.5, 1.7, 1.8 y 2.2. Las palabras y expresiones siguientes lo ayudarán:

Prepare yourself for the telephone conversation by writing sentences giving reasons for your cultural preferences, following the example. The following vocabulary will help you.

hábil	aburrido, -da	la falta de	faltar
delicado, -da	tosco, -ca	la pretensión	tener éxito
ligero, -ra	pesado, -da	la destreza	relatar
bonito, -ta	feo, -ea	el argumento	actuar
simbólico, -ca		el premio	tocar
prestigioso, -sa		la buena/mala fama	realizar
evocador, -dora		la pieza	lograr
cursi		la obra	captar
de buen/mal gusto		el talento	fracasar

Ejemplo

¿Qué opina de la música rock?

Me gusta mucho la música clásica porque es más tranquila. Sin embargo, cuando voy en coche prefiero escuchar rock.

(a) ¿Le gustan los artistas jóvenes de la música pop?

(b) ¿Qué le parece la obra de Picasso?

(c) ¿Qué le parece la obra de Goya?

(d) ¿Cuál es su escritor preferido, y por qué?

3 Vaya al Extracto 24 en la Cinta de actividades y compare sus respuestas con las que se dan.

Go to Extract 24 on the Activities Cassette and compare your answers with those given. Remember to add any new words to your vocabulary lists.

Actividad 4.6

Responda a las siguientes preguntas culturales. Para practicar el uso de 'el que', 'la que', 'los que' y 'las que', comience sus respuestas con alguna de estas expresiones. (Vea la Actividad 1.4.)

Answer the following cultural questions, beginning with el que, la que, los que *or* las que:

Ejemplo

Miró construyó la Sagrada Familia, ¿verdad?

¡No, el que construyó la Sagrada Familia fue Gaudí!

1 Dalí pintó el Guernica, ¿no?

2 Bolívar proclamó la independencia de Perú, ¿no es así?

3 Los aztecas construyeron Machu Picchu, ¿verdad?

4 Fernando el Católico se casó con Juana la Loca, ¿verdad?

Actividad 4.7

Ahora, haga este crucigrama para consolidar parte del vocabulario que ha aprendido a lo largo de este tema. ¡Que se divierta!

Do this crossword, which will help you consolidate some of the vocabulary you have learned:

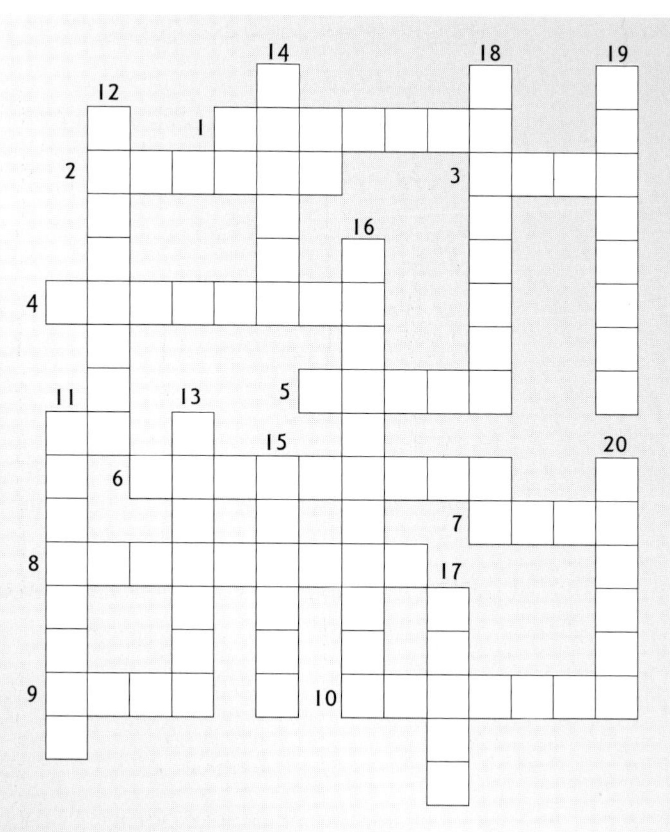

Horizontales

1 – Grupo de personas que asiste a un espectáculo.

2 – Mujer que actúa en una obra de teatro o película.

3 – Artista que no habla y usa su cuerpo para expresarse.

4 – Lugar donde se compran las entradas de un espectáculo.

5 – Grupo musical que actúa en directo.

6 – Ropa que llevan los actores para actuar.

7 – Lugar donde se va para ver un espectáculo.

8 – Dentro del teatro los actores actúan sobre él.

9 – *Hamlet* es una excelente __________ de teatro clásica.

10 – El público lo ofrece con las manos cuando está satisfecho.

Verticales

11 – Persona que dirige una obra o película.

12 – El que canta para un público.

13 – Hago una __________ por teléfono para asegurarme plaza.

14 – Representación de teatro con títeres.

15 – Género literario hecho para ser representado.

16 – Persona que hace juegos malabares para entretener.

17 – Tela grande que se abre y cierra sobre el escenario.

18 – Grupo de teatro profesional.

19 – Para saber qué echan es mejor consultar el __________.

20 – Artista que actúa disfrazado y hace reír a los niños.

Resumen gramatical

Talking about what has just happened: 'Acabo de...' (Actividad 1.2)

	Acabar de...	Infinitive	
yo	acabo de	levantarme	
tú	acabas de	llegar	al trabajo
él/ella/Ud.	acaba de	desayunar	un café con leche
nosotros, -as	acabamos de	venir	de vacaciones
vosotros, -as	acabáis de	ir	al cine
ellos/ellas/Uds.	acaban de	llegar	a casa

Singling out something: 'Lo que...' (Actividad 1.4)

Lo que	es importante en una función	es	la actuación de los actores.
Lo que	me gusta del teatro	es	que ves los actores en directo.
Lo que	les encanta a los niños	son	los payasos.

Selecting from a group: 'El que / la que / los que / las que...' (Actividad 1.4)

Group referred to	Selected item(s)	Indefinite pronoun	Full sentence
los directores	el director	el que	Los directores españoles están bien, pero **el que** es genial es Ricardo Franco.
las películas de X	la película *La buena estrella*	la que	De todas sus películas **la que** más me gusta es *La buena estrella.*
todo el mundo	los niños	los que	Todo el mundo aplaudió mucho, pero **los que** más aplaudieron fueron los niños.
las escenas de suspenso	las de Hitchcock	las que	De las escenas de suspenso **las que** me fascinan son las de Hitchcock.

Linking words (Actividad 1.10)

To add an idea	y es más / además	El teatro estaba demasiado lleno. **Además**, la actuación no fue muy buena.
To contrast an idea	pero / sin embargo	Me gustó la película. **Sin embargo**, creo que las he visto mejores.
To explain a reason	por esto / por ello	Las entradas para el concierto se están vendiendo muy bien. **Por ello**, es conveniente reservar entrada.

Expressing reasons (Actividades 2.2, 2.3, 2.4 and 2.5)

Connector	Form	Register	Examples
porque	result + *porque* + cause (introduced by a verb)	neutral	Yo empecé **porque** dejé de trabajar. Me vine a Barcelona **porque** tenía un hermano aquí.
como	*como* + cause, result (introduced by a verb)	neutral	**Como** soy una persona muy activa, tuve que buscar algo. **Como** era la mayor, me vine a cuidarle a él.
es que…	*es que* + excuse (introduced by a verb)	informal	¿Por qué no has limpiado las estanterías? **Es que** no he tenido tiempo. ¿Qué ha pasado con esta figura? **Es que** se me cayó al suelo.
por	result + *por* + cause (introduced by a noun)	neutral / formal	Cierre del Pueblo Español **por** falta de turistas. No vamos a ampliar la tienda **por** falta de dinero.
debido a	*debido a* + cause (introduced by a noun) + result **or** result + *debido a* + cause	formal	**Debido a** posibles accidentes, se ruega al público que no toque las figuras. El recinto del Pueblo Español permanecerá cerrado **debido a** rehabilitación de las fachadas.
a causa de	*a causa de* + cause (introduced by a noun) + result **or** result + *a causa de* + cause	formal	**A causa de** obras en esta zona, se cortará el gas mañana entre las 2 y las 8 de la tarde. México es conocido por su cerámica **a causa de** su larga tradición artesanal.

'Por' in passive sentences (Actividad 2.7)

Subject	Ser/estar	Past participle	Agent
Los jarros	son	fabricados	por una compañía local.
El arte popular	es	apreciado	por una minoría.
El demonio	está	representado	por la serpiente.

Other uses of 'por' (Actividad 2.11)

For asking and giving prices	¿Por cuánto se vende este jarrón? Se vende por 3.200 pesetas. ¿Por cuánto se vende este cuadro de Rivera? Se vende por diez millones de pesetas. ¡Se vende por un ojo de la cara!
To refer to a future objective	Hay mucho por descubrir. Todavía me queda mucho por pintar.
Set phrases	Eso es hablar por hablar. Te lo digo por tu bien. Muchas gracias por todo. Hoy por mí, mañana por ti.

Talking about what is going on: 'estar' + present participle (Actividad 2.12)

pintar	Está pintando.	He's painting.
exponer	Está exponiendo en una galería de arte.	She's exhibiting in an art gallery.
escribir	Está escribiendo.	He's writing.
levantarse	Se está levantando.	She's getting up.
vestirse	Se está vistiendo.	He's getting dressed.

Describing a process: 'se' + 3rd person (Actividad 2.13)

'Se'	3rd person	Noun phrase
Se	saca	el vidrio.
Se	dejan	secar.

Use of object pronoun in impersonal sentences (Actividad 2.13)

'Se'	Pronoun	3rd person singular	Noun phrase
Se	le	pone	el asa.
Se	la	deja	secar.

Identifying objects (Actividad 3.2)

Demonstrative adjective + noun phrase	Demonstrative pronoun + verb + noun phrase
esta exposición de pintura este cuadro de Picasso	Ésta es mi casa. Éste es su cuadro.
esa actuación moderna ese artista joven	Ésa es mi nueva obra de arte. Ése es su taller.
aquella galería de arte aquel museo de allí	Aquélla es la pintura que me gusta. Aquél es el cuadro más caro.

Expressing time span up to the present (Actividades 3.9 and 3.10)

desde + (date)	No lo veo desde el 3 de enero.
(*desde*) *hace* + time reference	No lo veo (desde) hace tres meses.
hace + (time reference) + *que*	Hace dos días que no lo veo.
desde que + (past event)	No lo veo desde que se marchó a París.
llevar + (time reference) +gerund/*sin*	Llevo tres meses sin verlo. Llevo seis meses estudiando español.
(time reference) + *cumplir* + (specific time)	Mañana cumplimos tres meses sin vernos.
NB: To situate a completed action in the past: *hace* + (time reference)	Vine a esta casa hace 5 años.

Vocabulario

Artistas y participantes de espectáculos

el actor
la actriz
el aprendiz
el arlequín
el artista
la bruja
la compañía
el director
el mimo
el músico
el payaso
el Pierrot
el personaje
el profesional
el protagonista
el público

Expresión plástica y visual

la acuarela
la alfarería
el bricolaje
la cerámica
la exposición de pintura
la fotografía
la imagen
las manualidades
el óleo
la pintura
los textiles

Música

el baile
el/la cantante
clásico, -ca
la danza
el flamenco
la fusión
la guitarra
el guitarrista
el intérprete
el jazz
el pop
el rock
la salsa
el violín

Espectáculo

la actuación
alternativo, -va
el argumento
la banda sonora
clásico, -ca
la comedia
el concierto
el drama
los efectos especiales
la función
el guiñol
el guión
infantil
el mimo
el musical
la obra de teatro
la película de comedia
la película de acción
la película romántica
la película de aventuras
la película de ciencia ficción
la película de dibujos animados
la película de melodrama
la película de risa
la película de suspense
la película de terror
el personaje
el recital
el reparto
el rodaje
la taquilla (de entradas)
el telón
el vestuario
la utilería

Descripción de carácter y estilo

positiva

agradable
alegre
audaz
creativo, -va
desenfadado, -da
emblemático, -ca
espontáneo, -ea
fresco, -ca
innovador, -dora
inteligente
interesante
maduro, -ra
moderno, -na
purista
relajante
rico, -ca
sereno, -na
sugerente
tranquilo, -la

negativa

aburrido, -da
anticuado, -da
conformista
confuso, -sa

impopular
incomprensible
inmaduro, -ra
pobre
torpe

Opinión sobre espectáculos

positiva

emocionante
encantador, -dora
espectacular
estupendo, -da
fantástico, -ca
genial
maravilloso, -sa
precioso, -sa
supremo, -ma

negativa

decepcionante
fatal
horrible
horroroso, -sa
malísimo, -ma
pésimo, -ma

Expresiones hechas

al son de la peseta
algo con solera
dar pena
darse cita
darse los últimos toques
echar un programa
ir de copas
pasar de moda
por amor al arte
subir el telón

Materiales y productos

la alcuza
el barro
el belén
la cazuela
el cristal
el jarro
la masa
la pintura
la porcelana
los útiles
el vidrio
la vinagrera

Estilos de pintura

la alegoría
la antropofagia
antropológico, -ca
el arte contemporáneo
el cubismo
folclórico, -ca / folklórico, -ca
la iconografía
el modernismo
el postmodernismo

Verbos de sentimiento

acusar
admirar
enfadarse
gozar
huir
preocuparse
reprimir

HISPANOAMÉRICA

Use of some words

Recién is an adverb which means 'just now' or 'recently'. It is often used instead of *recientemente.*

Destacarse is a pronominal verb used in Spanish America; in Spain only *destacar* is used. Other verbs of this type include *desayunarse* ('to have breakfast'), *demorarse* ('to be late' or 'to take time') and *amanecerse* ('to stay up all night' or 'to burn the midnight oil').

¿Quiubo? is a common informal greeting in several Latin American countries - it means the same as *¿Qué hay?* or *¿Qué tal?*

Use of the preterite tense

In Spanish America , the preterite tense (rather than the present perfect) is used to narrate events that place in the recent past. For example, sentence (j) on page 34 would become *'Cuando volví a casa me encontré con un mensaje…'*

Use of direct object pronouns to refer to people

In Spain, the pronouns *le* and *les* are frequently used as masculine direct object pronouns instead of *lo* and *los* when these refer to people, e.g. *le vi ayer*. In most of Spanish America, however, this use is considered incorrect.

Vocabulary

Note the following words relating to transport used in Mexico:

camión for 'bus';

estacionamiento for 'car park';

combis, colectivos and *peseros* are minibuses or large cars that travel between towns and collect and set down passengers where they require.

In many Spanish-speaking countries, the word *pieza* is used to mean *cuarto.*

In Mexico, the term *profesionista* is used instead of the noun *profesional.*

Words that have a different meaning in Spanish America:

la tortilla (a sort of bread made of maiz flour, Mexico)

el bocadillo (a sweet made of guava, Colombia)

el tinto (a small cup of black coffee, Colombia)

Gabriel García Márquez
Nacido en Colombia en 1928, es el más célebre de los escritores contemporáneos de lengua española y el de mayor audiencia universal. Además de su vasta obra periodística, García Márquez es autor de varias novelas y colecciones de relatos que han sido traducidas a muchos idiomas. Su obra más famosa, *Cien años de soledad* (1967), se considera el resumen más vivido y auténtico de la realidad latinoamericana. Fue galardonado con el Premio Nóbel de literatura en 1982.

Clave

Unidad 1

Actividad 1.1

1 You may have written something like this:

La historia trata de una actuación al aire libre dirigida al público infantil. Entre otros personajes aparece una bruja, la bruja nocturna. El espectáculo tiene un tono festivo con disfraces y canciones.

2 (a) En el Parque de Coyoacán de México.

(b) La historia de una niña y su cumpleaños en el bosque.

(c) La bruja nocturna (mala), la niña y los animales.

(d) A un público infantil.

3 You may have written something like this:

En el Parque de Coyoacán hay una función de teatro infantil todos los días de fiesta. Es una historia de una niña y su cumpleaños en el bosque. En el bosque hay una bruja y muchos animales.

4 (a) La bruja nocturna.

(b) Lleva seis años dedicándose a ello.

(c) No, no es tan malo.

(d) Se dedica a la utilería y al maquillaje.

5 This is what you could have written:

Creo que lo que más les gusta a los niños son los espectáculos donde pueden participar, porque el contacto entre los actores y el público infantil es muy importante. El decorado y los disfraces también son muy importantes. La música, el baile y un contenido divertido son los ingredientes principales para un buen espectáculo infantil.

Actividad 1.2

3 These are the sentences that you should have written:

Acabo de ver un Pierrot que se maquilla la cara.

Acabo de ver un payaso que saluda al público.

Acabo de ver unos músicos que tocan música andina.

Acabo de ver unos mimos que representan una función.

Acabo de ver un Charlot que regala una flor.

Actividad 1.3

2 (a) El Pierrot y la luna.

(b) Porque no puede besar a la luna.

(c) Han cambiado el beso por una flor.

Actividad 1.4

1 (a) **Bruja** Lo que más le gusta al público es **la relación que existe entre el actor y el espectador**.

(b) **Espectadora** Lo que más les gustó [a los niños] **fue la actuación de los animales, y de la niña**.

(c) **Espectador** Lo que más les gusta a los niños **es la música, los animales. Eh… las canciones son muy bonitas**.

2 (a) Lo que más le gusta soy yo.

(b) Lo que les gusta más a los niños es un chiste.

(c) Lo que más me gusta del arte en la calle es que me alegra el día.

(d) Lo que más me gusta del arte en la calle es la vida que da a la ciudad.

3 (a) Las que más le gustan son las de acción, las de aventura, las de comedia.

(b) La que más le gusta es una película de Alfred Hitchcock que se llama *Notorious*. Es una película de melodrama y suspenso.

Actividad 1.5

2 (a) Sí, las dos son de Galicia.

(b) Sí, les ha gustado a las dos.

(c) Sí, ya habían asistido antes.

Actividad 1.7

1 The style is informal. Notice also that '*tú*' is used throughout.

These expressions may have given you clues:

Hola Idoia, ¿qué tal va todo?
… me parece superemocionante…
Por aquí todo va bien.
Bueno, a ver…
… es realmente bueno.
Espero verte pronto.
Ya verás…
Un beso…

2 Rosana enjoyed the concert very much. The expressions you underlined will have helped you form this impression.

3 Most Spanish speakers would classify the words and expressions as follows:

Formal	**Neutral**	**Informal**
extraordinariamente	realmente	súper
sumamente	verdaderamente	la mar de
excepcionalmente	especialmente	

Actividad 1.9

1 Some possible questions are:

(a) ¿Por qué es famoso Kiko Veneno? / ¿Por qué es apreciado Kiko Veneno en España?

(b) ¿Cuándo se hizo realmente famoso? / ¿Cuántos años lleva cantando?

(c) ¿Cómo son sus canciones? / ¿Cómo es su estilo de música?

2 (a) El cantante expresa varios sentimientos como la alegría ('reír'), la tristeza ('llorar') y el amor ('abrázame fuerte').

(b) El título real de la canción es *Reír y llorar*.

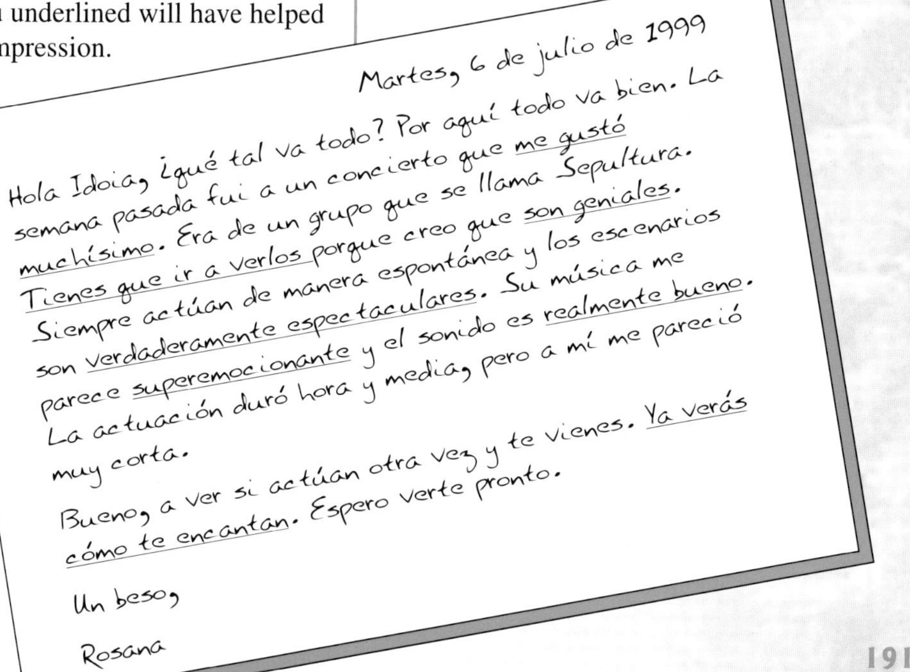

Martes, 6 de julio de 1999

Hola Idoia, ¿qué tal va todo? Por aquí todo va bien. La semana pasada fui a un concierto que me gustó muchísimo. Era de un grupo que se llama Sepultura. Tienes que ir a verlos porque creo que son geniales. Siempre actúan de manera espontánea y los escenarios son verdaderamente espectaculares. Su música me parece superemocionante y el sonido es realmente bueno. La actuación duró hora y media, pero a mí me pareció muy corta.

Bueno, a ver si actúan otra vez y te vienes. Ya verás cómo te encantan. Espero verte pronto.

Un beso,

Rosana

Actividad 1.10

1 El texto va a hablar de Madrid y su oferta cultural, especialmente del teatro.

2

Espectáculos	
Tipo	el cine **el teatro** **la danza** **la música**
Género	el drama **la comedia** **el musical**
Lugar	la calle **el teatro** **el cine**
Artistas	los aficionados **los profesionales** **los mimos**
Público	los adultos **los niños** **los espectadores**

3 Here is how you should have numbered the paragraphs:

(a) 5 (b) 1 (c) 3

(d) 2 (e) 6 (f) 4.

4 Here is a possible answer:

Madrid es una ciudad que tiene una gran oferta de teatro. **Por esto**, se puede asistir habitualmente a una gran variedad de espectáculos por las calles de la ciudad. En Madrid existen numerosos teatros, no sólo clásicos sino modernos, con representaciones alternativas y experimentales. **Además**, espectadores y artistas pueden disfrutar por igual de un gran número de festivales, tanto de teatro como de cine, danza y música. **Y es más**, lo interesante es que, a lo largo de todo el año, estos festivales tan variados se renuevan constantemente. **Por ello**, todo el mundo puede beneficiarse de la gran animación cultural que ofrece esta ciudad.

Actividad 1.11

1

	Alfil	Español	Cuarta Pared	Mirador
Tipo de espectáculo	**tragicomedia**	**comedia**	**danza**	recital dramático
¿Descuento para estudiantes?	sí	no	**no**	**no**
¿Reservas por teléfono?	**sí**	**no**	no	no
Título de la obra	**Animalario**	La venganza de Don Mendo	Piezas cortas hechas y derechas	**Lorca al rojo vivo**
Horario los domingos	18:00	20:00	———	———
Duración	**1h. 40m.**	**2h. 15m.**	———	———
Precio (pesetas)	1.500 (1.000 dom.)	200/2.200	**1.200**	———

2 This is how you should have matched the phrases:

¿Vamos?	Shall we go?
¿Te apetece ir a ver una obra de la Fura dels Baus?	Do you fancy going to…?
Bueno. Me encanta el teatro alternativo.	OK. I love…
¿Qué te parece *El perro del hortelano*?	What do you think about…?
No, no me gusta el teatro clásico.	I don't like…
¿Te gustaría ir a ver una función infantil?	Would you like to go to…?
También me gusta.	I like it too. How
Por qué no vamos a…?	about going to…?
Está bien, me parece una buena idea.	Alright, I think it's a good idea.

Actividad 1.12

1 (a) Película de terror
(b) Película de dibujos animados
(c) Película de aventuras
(d) Película de ciencia ficción
(e) Película romántica

2 The words relating to performing arts and fiction are: cine, personajes, película, proyección, espectadora, retratos, fin.

3 (a) Lo **mejor** para la escritora es que consigue sumergirse del todo en las películas.
(b) Lo más **común / normal** cuando se sale del cine y se ha visto una buena película, es que se la recuerda durante mucho tiempo.
(c) Lo más **interesante / divertido** es que los personajes protagonistas de las películas a veces parecen muy reales.
(d) Para ella los retratos humanos más **reales / auténticos** se dan también en el cine.

4 You may have written something like:

Una de las películas que más me han gustado ha sido una serie de televisión llamada *Treinta y tantos*. Los personajes parecían muy reales y casi los consideraba amigos míos.

Actividad 1.14

(a) *Allá en el Rancho Grande.*
(b) A romantic and a slightly unreal / fictitious view of Mexican provincial life.
(c) It had a great impact on the public, and Mexican cinema bloomed.

Unidad 2

Actividad 2.1

1 (a) Angélica is from Cáceres in Extremadura.
(b) She makes pottery.

2 The correct answers are: (a) – (vii), (b) – (v), (c) – (vi), (d) – (iii), (e) – (ii), (f) – (iv), (g) – (i), (h) – (viii).

3 **Artesanos** el artesano
Materiales el barro, el cristal
Útiles el horno
Procesos moldear, trabajar, el barro
Productos el jarro, la cerámica

Actividad 2.2

1 (a) Porque le gusta. / Porque es una persona muy activa y tuvo que buscar algo.
(b) Para cuidar a su hermano.
(c) No tiene espacio para (poder) trabajar y el público se la queda mirando y no le compra nada.

2 The correct order is: (c), (d), (b), (a).

3 (a) Trabajo el barro **porque** me gusta.

(b) El horno no cabe en el taller **porque** es demasiado grande.

(c) **Como** no caben todos los cacharros en el taller, he puesto algunos en la tienda.

(d) Los jóvenes no quieren ser artesanos **porque** no se gana mucho.

4 (a) Angélica vino a Barcelona porque su hermano estaba solo.

(b) No puede decorar las figuras porque no le queda pintura.

(c) El cliente está furioso porque el jarro está roto.

Actividad 2.4

1 This is how you should have matched the signs with their explanations: (a) – (iii), (b) – (ii), (c) – (i), (d) – (iv).

2 (a) Reason.

(b) Length of time.

(c) 'Through'.

3 Here are the English equivalents / meanings of the proverbs:

No por mucho madrugar amanece más temprano.(Literally: 'How ever early you get up the day still doesn't dawn any earlier')
This can mean 'A watched pot never boils' or 'Everything at its appointed time'.

No hay mal que por bien no venga.
Every cloud has a silver lining.

Hoy por mí, mañana por ti.
This is roughly equivalent to 'Every dog has its day', meaning 'I was lucky this time, but your turn will come.'

4 Here are the translations, although other variations are possible:

(a) He/she put it on the floor instead of on the shelf because of its weight.

(b) He/she didn't have to do it; he/she did it for the sake of it.

(c) I'd like it if it weren't for the colour.

(d) You have ruined these pieces. That's what happens when you don't pay attention.

Actividad 2.5

1 The expressions are *debido a* and *a causa de.*

2 The correct answers are:
(i) – (b), (ii) – (a), (iii) – (c).

Actividad 2.7

1 (a) El árbol de la vida

(b) La serpiente

(c) Los animales

2 (a) Metepec es famoso por su artesanía del barro.

(b) Dios Padre, San Miguel Arcángel, el demonio/la serpiente, Adán y Eva, las bolas/manzanas, los animales.

3

Subject	Estar/Ser	Past Participle	Agent
las figuras	son	pintadas	los artistas
el Demonio	está	representado	la serpiente
los jarros	son	fabricados	la compañía local

Actividad 2.8

1 The correct answers are:

(b) – (i)
Una gran variedad de temas están representados por los árboles de la vida.

(c) – (iii)
El Día de los Muertos es celebrado por muchos mexicanos.

(d) – (v)
La escultura del árbol de la vida fue hecha por Alberto.

(e) – (iv)
Las manzanas están representadas por las bolas.

Actividad 2.9

This is how you should have completed the summary:

> El Pueblo Español **fue construido** en 1929 por los arquitectos Francesc Folguera y Ramón Ranventós. Este recinto **es conocido** por los artesanos que trabajan allí. Además las distintas regiones de España **están representadas** por la arquitectura. Aragón **está representada** por el Campanar de la iglesia de Utebo, Ávila **está representada** por la puerta de acceso y Sevilla por la calle de los arcos.

Actividad 2.10

1 Here is how you should have matched the words:

el vidrio   glass

la caña   pole

soplar   to blow

el molde   mould

el asa   handle

el chorro   spout

la masa   raw material

reciclable   recyclable

el humo   smoke

el taller   workshop

la alcuza   olive oil cruet

Guessing the meaning of words out of context

Sometimes you need to know the meaning of words on their own, without very much context to give you a clue. There are several ways you can do this:

- Look for similarities with English words, e.g.:

  la caña is similar to 'cane', which is nearly synonymous with 'pole'

  el molde is similar to 'mould'

  la masa is like 'mass', which is a clue to the meaning 'raw material'

  reciclable is similar to 'recyclable'

- Use any knowledge you have of other languages, e.g.:

  el vidrio has a Latin root; the French *verre* ('glass') and the English 'vitreous' ('made of glass') are cognate

  el humo is like the French *fumée* ('h' and 'f' are often interchangeable in French and Spanish) *la alcuza* comes from *al-Kuza*, meaning 'container' in Arabic

- Use your knowledge of Spanish grammar, e.g.:

  soplar ends in '-ar', so it is likely to be an infinitive.

3 (a) Porque su padre lo hacía. / Porque le encanta.

(b) Hoy está haciendo una alcuza.

(c) Se vende por mil cien pesetas.

(d) Porque es limpio; todo es reciclable y no hace humo.

4 This is how you should have corrected the sentences:

(a) ¿Por qué te dedicas a la artesanía del vidrio?

(b) Y es un oficio que me encanta.

(c) A la gente le encanta ver trabajar el vidrio, y lo compra.

(d) ¿Por cuánto se venden estas piezas, por ejemplo, la alcuza?

(e) … todo es reciclable y no hace humo.

Actividad 2.11

1 (a) Se venden por 4.850 pesetas.

(b) La adquirió por 12 millones de pesetas.

(c) La vendemos por 1.300 pesetas.

3 There are several possible answers:

(a) It's a badly-paid job. He does it for love.

(b) I'd give anything / the world to get hold of / acquire that piece.

(c) She is not a craftswoman. She models / works with clay for something to do.

(d) I wouldn't sell / part with this statue for all the tea in China / for the world.

Actividad 2.12

1 (a) Hoy **está haciendo** una alcuza.

(b) **Está sacando** el vidrio con la caña.

(c) **Está soplando** dentro del molde.

(d) **Está poniendo** el asa a la alcuza.

2 You may have written something like this:

Estamos en un taller de vidrio en el Pueblo Español de Barcelona. Estamos hablando con Emilio Capdevila, artesano del vidrio soplado.

Emilio está explicando por qué se dedica a la artesanía del vidrio, y nos está demostrando cómo se hace una alcuza. Está sacando el vidrio con la caña, y ahora está soplando dentro del molde. Ahora le está abriendo la boca y le está poniendo el asa y el chorro.

Está hablando de la artesanía y está diciendo que la alcuza se vende por mil cien pesetas. Nos está diciendo que el vidrio es una industria limpia, y que tiene mucho futuro.

Actividad 2.13

1 **Se saca** el vidrio con la caña.

2 **Se sopla** dentro del molde.

3 **Se le abre** la boca.

4 **Se le pone** el asa y luego el chorro.

Unidad 3

Actividad 3.1

1 (a) la naturaleza muerta still life
el autorretrato self portrait
el paisaje landscape
(b) el surrealismo surrealism
el cubismo cubism
el modernismo modernism
(c) la obra work (of art)
el cuadro picture
la imagen picture, image
(d) el telón de fondo backdrop
(e) la alegoría allegory
la iconografía iconography
la síntesis synthesis, whole
(f) inspirarse to be inspired
absorber to absorb

2 The groupings are as follows: (a) subjects painted; (b) schools of painting; (c) words referring to the physical painting itself; (d) a phrase describing position in a painting; (e) thematic material; (f) verbs.

3 They are called 'cannibals' because they are artists who feed off the work of other artists, i.e. they are influenced by other styles.

Actividad 3.2

1

Nombre	Profesión	Otra información
Luís Agustín Vieira	Escultor	Nace en Baños en 1911. Trabaja en Colombia. Principales obras: busto al general Santander, monumento al bombero Omar, monumento al líder liberal Jorge Eliecer Gaitán.
Jaime Villa	Artista	Exposiciones en diferentes galerías del mundo. Estudios de tipo antropológico y folklórico: riqueza de color y alegría festiva.
Grace Solís	Artista	La mayor representante de la nueva generación. Varios premios nacionales.
Wilfrido Acosta	Grabador	Representante del país en el grabado contemporáneo.

2 (i) … y por eso quizás destacan su riqueza del color y toda **esta** alegría festiva.

(ii) Ahora, **ésta** es Grace Solís que es quizás la mayor representante de la nueva generación.

(iii) Por ejemplo entre sus principales esculturas podemos decir **ésta** ….

Actividad 3.3

1 This is how you should have matched the sentences with the pictures:

(a) – Picture (i)

(b) – Picture (iii)

(c) – Pictures (ii), (i) and (iii)

(d) – Picture (ii)

2 (b) ¿Qué te parece aquél?

(c) Ése es más sencillo que éste, pero más detallado que aquél.

(d) El que más me gusta es ése.

Actividad 3.4

1 (a) Cinco pinturas de distintos colores **están colocadas** al alcance de la pintora.

(b) El cuadro que está pintando **está apoyado** en el caballete.

(c) En el fondo, la puerta **está abierta**.

(d) En la mesa larga hay una estatua que **está tendida** boca arriba.

(e) Hay dos cuadros más que **están apoyados** en la pared.

(f) El conjunto **está hecho** en vivos colores.

2 (a) (i) She is seated in the chair (i.e. at the moment of observing her she is already there – state).

(ii) She is sitting down in the chair (i.e. she is in the process of lowering herself into the chair as we watch – action).

(b) (i) The window is closed (state).

(ii) Ana is closing the window (action or process).

(c) (i) The novel is written in English (state).

(ii) She is writing the novel in English (action or process).

3 *Here is a model description. Your versions may vary considerably.*

(a) En la pintura hay dos mujeres que están preparando la comida. Una de las mujeres está sentada, y con las manos está moliendo algo de comida. La otra mujer, más mayor, le está hablando al oído. Al fondo de la pintura hay otra escena: un hombre (Cristo) está sentado en una silla y dos mujeres le están hablando.

4 You could have written something like:

Mi marido está en la cocina preparando la cena. La puerta está abierta y la radio puesta. En el comedor, la televisión también está encendida porque Raúl, mi hijo, está viendo el partido de fútbol. Rosa, la vecina, y mi hija Blanca están estudiando alemán en la salita. Yo estoy en la buhardilla, en el último piso: es mi refugio. Tengo la mesa llena de cosas: el diccionario está abierto, el Cuadernillo de transcripciones está perdido debajo de los papeles. En fin, que toda la casa está desordenada y llena de ruido.

Actividad 3.5

1 (a) Verdadero.

(b) Falso. ('… la época otoñal…'.)

(c) Verdadero.

(d) Falso. ('… lo veo bajo un prisma muy audaz…'.)

(e) Verdadero.

(f) Verdadero.

(g) Verdadero.

2

	El artista	La obra
audaz	✓	
sereno, -na		✓
joven	✓	
inteligente	✓	
maduro, -ra		✓
interesante		✓
rico, -ca	✓	

3

	Antónimos
audaz	conformista
sereno, -na	confuso, -sa
joven	anticuado, -da

inteligente	torpe
maduro, -da	inmaduro, -ra
interesante	aburrido, -da
rico, -ca	pobre

Actividad 3.6

1 *The correct scenario is (c).*

2 (a) Verdadero.

(b) Falso. (Rosita encuentra un papel en el sofá.)

(c) Falso. (Un poema escrito a máquina.)

(d) Falso. (Parece que el poema está escrito por Carlos y….)

(e) Verdadero.

3 (a) Carlos.

(b) Carlos.

(c) Zacarías.

(d) Isabel.

(e) Zacarías.

(f) Rosita.

(g) Isabel.

(h) Rosita.

4

'¡Anda, es un poema! ¡Qué bonito!'	sorpresa agradable
'¿De quién será esto?'	curiosidad
'¡Vaya con el abuelo!'	burla cariñosa
'¡Dios mío, tu papá tiene una amante!'	sorpresa desagradable
'¡Ah, estás muy elegante con el traje de papá!'	admiración
'¿Ves? Ya te dije que no me iba a estar tan grande.'	triunfo
'Estoy perfectamente.'	enfado reprimido
'Carlos, ¿tú sabes qué día es hoy?'	acusación
'Es un nuevo poema que he escrito hoy para ti.'	alegría cariñosa
'¿Qué es lo que pasa aquí hoy?'	preocupación

Actividad 3.7

3 The correct answer is (a).

Actividad 3.8

Música	Manualidades	Arte/imagen
	alfarería	
violín		
		acuarela
	textiles	
		fotografía
piano		
guitarra		
	bricolaje	
		óleo

Actividad 3.9

1 **Entrevistador** ¿Cuánto tiempo **lleva** en el mundo del cine?

Director **Desde** que me licencié en periodismo en 1993.

Entrevistador ¿Cuánto **hace** que no rodaba una nueva película?

Director **Desde que** terminé mi último rodaje en marzo.

Entrevistador ¿Ha recibido algún premio **desde que** empezó su carrera?

Director Sí, **llevo** recibiendo premios desde **hace** varios años.

Entrevistador ¿**Desde hace** cuánto que no toma vacaciones?

Director **Llevo** sin vacaciones unos cuantos años.

Entrevistador ¿Ha rodado algo para la nueva película **desde** esta mañana?

Director No, no hemos podido rodar **desde hace** tres días porque hay demasiado viento.

Entrevistador A propósito, la semana que viene **cumple** usted treinta y cinco años. ¡Felicidades!

Director ¡Gracias! Ya **llevo** unos años que no me siento tan joven.

2 (a) La bruja nocturna cumple / lleva seis años dedicándose al teatro infantil. / La bruja nocturna se dedica al teatro infantil (desde) hace seis años.

(b) Manuel y Lucía llevan / cumplen seis meses trabajando en las Ramblas. / Manuel y Lucía trabajan en las Ramblas (desde) hace seis meses.

(c) Isabel perdió su copia hace tiempo. / Hace tiempo que Isabel perdió su copia.

(d) Angélica lleva / cumple más años viviendo en el Pueblo Español que en Extremadura. / Angélica vive en el Pueblo Español (desde) hace más años que en Extremadura. / Hace más años que Angélica vive en el Pueblo Español que en Extremadura.

Actividad 3.11

1 The correct answers are:

Fernando – violinista

1 – (h), 2 – (a), 3 – (c), 4 – (b).

Jorge – fotógrafo

1 – (d), 2 – (g), 3 – (f), 4 – (e).

2 You may have written something like:

(1) **¿Cuánto tiempo lleva dedicándose a ello?**

Llevo pintando varios años.

(2) **¿Qué es lo que le gusta de practicar este hobby?**

Lo que más me gusta es que me hace ser creativa y así desarrollo otra forma de expresarme.

(3) **¿Qué estilo tiene?**

Tengo un estilo bastante impresionista, con un gusto especial hacia la forma y el color.

(4) **¿Por qué le gusta mostrar y compartir su creatividad con los demás?**

Porque de esta manera muestro a los demás algo de mí misma.

Unidad 4

Actividad 4.1

1 Here is the scoring card for the test, and what it reveals about you:

1.	A = 0*	B = 1*	C = 2*
2.	A = 1*	B = 0*	C = 2*
3.	A = 2+	B = 0+	C = 1+
4.	A = 2*	B = 1*	C = 0*
5.	A = 1*	B = 0*	C = 2*
6.	A = 2+	B = 0+	C = 1+
7.	A = 0+	B = 2+	C = 1+
8.	A = 2*	B = 1*	C = 0*
9.	A = 2+	B = 0+	C = 1+
10.	A = 1+	B = 0+	C = 2+

¿Es usted espectador activo y sociable?

Sume los puntos que tienen un asterisco (*).

De 8 a 10 puntos: La verdad es que usted no para. Le encanta estar al día y aprovechar lo que el mundo del espectáculo tiene que ofrecerle. Siga así.

De 5 a 7 puntos: No está mal, usted intenta estar al día. Pero es conveniente que salga más. Tal vez se esté perdiendo cosas que le puedan interesar y no se ha enterado.

De 0 a 4 puntos: Es usted terriblemente cómodo o cómoda. Hay todo un mundo ahí fuera. Aprovéchelo más.

¿Le va a usted lo clásico o lo moderno?

Sume los puntos que tienen una cruz (+).

De 8 a 10 puntos: A usted le gusta descubrir nuevos caminos, ya que le encanta divertirse y probar cosas nuevas. Los aires innovadores le gustan y aprecia la gente que tiene un sentido crítico y personal.

De 5 a 7 puntos: Usted no quiere decidirse. Todo le gusta, y es estupendo que sea así. Sabe apreciar lo bueno que hay en cada estilo y esto le hace disfrutar de una mayor cantidad de mundos.

De 0 a 4 puntos: Es usted realmente un clásico. Es algo bueno saber valorar lo que los grandes artistas nos ofrecieron para conservarlo y disfrutarlo siempre.

Actividad 4.2

1 (a) Not many well-known musicians also work as a goatherd.

(b) He prefers the simple life. He's not particularly interested in money and would rather stay at home than go out.

2 He likes 'pure' flamenco, he doesn't want it to take on board other influences, and thinks it would be ridiculous for people to dance to it.

3 Some variations are possible:

(a) Al público estadounidense le gusta *El Cabrero* tanto **por** su maestría como **por** el contenido social de sus canciones.

(b) Las cabras no pueden pasar por las veredas **debido a / por / a causa de** la falta de espacio.

(c) Se ha quedado con las cabras **a causa de / debido a / por** las satisfacciones que dan.

(d) **Como** no es amigo de fusiones en el flamenco, su música se ha quedado pura.

Actividad 4.3

1 The correct answers are: (a) críticas, (b) público, (c) rock, (d) flamencos, (e) grupos, (f) músicas, (g) discos, (h) salsa, (i) éxito, (j) músicos, (k) críticos.

2 (a) Su posición se debate entre el reconocimiento internacional, las buenas críticas y su público.

(b) Los tradicionales los ven como demasiado modernos, y los públicos de rock y pop los siguen considerando un mundo aparte.

(c) Tienen influencias del reggae, la salsa, el pop o el jazz.

(d) Los que destacan son Kiko Veneno, Ketama, Jorge Pardo y Martirio.

(e) Sí, (hace una valoración positiva).

3 (a) Los artistas son famosos, pero **lo que** piensa el autor de este artículo es que todavía están poco reconocidos.

(b) Su música tiene muchas influencias. **Las que** son más aparentes son las influencias del reggae, la salsa, el pop o el jazz.

(c) **Los que** aprecian este tipo de flamenco son también los no iniciados, ya que es mucho más fácil de entender que el tradicional.

(d) Asimismo, **lo que** también interesa a los críticos es que algunos grupos son bastante jóvenes y sus seguidores también.

(e) Ha sido importante la participación de varios grupos en el estreno de este tipo de música. Pero **la que** resulta más interesante es la de Kiko Veneno, ya que comenzó su carrera hace muchos años.

Actividad 4.4

1 Here are some model answers, although yours may be worded differently:

(a) Están sentados frente a la mesa.

(b) Están decorando unas piezas de cerámica.

(c) La tradición familiar empezó hace más de un siglo, y don Alfonso modela las piezas desde hace más de 40 años.

(d) Era tan cotidiano en su casa que lo asimiló fácilmente.

(e) Tiene una sensibilidad especial.

2 The correct answers are:

(a) están sentados

(b) están trabajando

(c) está cubierta

(d) están pintando

(e) está colocado

3 There are several acceptable versions. Here is one:

(a) Se dedican a la cerámica desde hace más de un siglo. / Llevan más de un siglo dedicándose a la cerámica.

(b) La tradición familiar empezó hace más de un siglo.

(c) Es una tradición familiar desde hace muchos años.

4 (a) Sus otros hermanos no alcanzaron el nivel de don Alfonso **porque éste tenía una sensibilidad especial. / porque no tenían la sensibilidad especial que éste tenía.**

(b) Es una tradición familiar de hace más de un **siglo porque don Alfonso aprendió de sus padres, así como éstos lo hicieron de sus abuelos, y éstos de sus tatarabuelos**.

Actividad 4.6

1 ¡No, el que pintó el Guernica fue Picasso!

2 ¡No, el que proclamó la independencia de Perú fue el general San Martín!

3 ¡No, los que construyeron Machu Picchu fueron los incas!

4 ¡No, la que se casó con Fernando el Católico fue Isabel la Católica!

Actividad 4.7

						14					18			19
		12				G					C			P
		C		1	P	U	B	L	I	C	O			R
	2	A	C	T	R	I	Z			3	M	I	M	O
		N				Ñ		16			P			G
		T				O		M			A			R
4	T	A	Q	U	I	L	L	A			Ñ			A
		N						L			I			M
	11	T		13		5	B	A	N	D	A			A
	D	E		R		15		B						20
	I	6	V	E	S	T	U	A	R	I	O			P
	R			S		E		R		7	S	A	L	A
8	E	S	C	E	N	A	R	I	O	17				Y
	C			R		T		S		T				A
	T			V		R		T		E				S
9	O	B	R	A		O	10	A	P	L	A	U	S	O
	R									Ó				
										N				

Note: in answer 1 across, *'público'* has an accent on the *'u'*, but *'guiñol'* does not.

Acknowledgements

Grateful acknowledgement is made to the following sources for permission to reproduce material in this unit:

Text

Page 13: Mate, V. 1995 'Una gran flota errante' in *El País*,19 March 1995, Copyright El País 1995; *page 15*: Palacios, J., Fernández, A. and Sánchez, M. 1996 'Dónde están los que mandaban. Dónde estaban los que mandan', *Tiempo*, 25 November 1996; *page 19*: Delcos, T. 1993 'El Quiosquero', *El País semanal*, Roig, A.M., No. 124, 4 July 1993, Copyright El País 1993; *page 36*: Romero,P. 1994 'Comercios de siempre', *Cambio 16*, 27 June 1994; *page 58*: Luzán, J. 1993 'Estrategias de mujer', *El País semanal*, 13 June 1993, Copyright El País 1993; *page 72*: Roig, A.M. 1996 'Antes Ahora', *El País semanal*, 5 May1996. Copyright El País 1996; *page 122*: Torres, M. 1996, 'Casi Los 30', *El País Dominical*, 13 October 1996, Diario El País International S.A.; *page 153:* Sierra, R. 1997, 'La antropofagia de tres artistas latinoamericanas', *El Mundo*, 11 February 1997; *pages 173 and 174:* Bueno, A. 1993, 'El Cabrero', *El Mundo*, 28/29 August 1993; *page 177:* Bertrán, A. 1996, 'Corona de una tradición familiar', *Reforma*, 10 December 1996, by permission of the author.

Illustrations

Page 19: photograph by Ester Pujol; *pages 39, 54*: Spanish Photo International Agency; *page 68*: Joaquín Salvador Lavado (Quino) (1992) *Todo Mafalda, Quino/Quipos*; *page 75*: Jonathan Cape; *page 111:* Spanish Tourist Office; *page 114:* Colectivo Promoción Jazz, Valencia; *page 122:* Elias Querejeta P. C. SL; *page 127:* Institut Amatller d'Art Hispanic; *page 157:* Spencer Collection, The New York Public Library Astor, Lenox and Tilden Foundation; *page 158:* Diego Velázquez, 'Kitchen scene with Christ in the House of Martha and Mary', © National Gallery; *page 159 (top):* Diego Velázquez, 'Philip IV hunting Wild Boar', © National Gallery; *page 159 (bottom):* Francisco de Goya, 'A picnic', © National Gallery.

Cartoons by Peter Kavanagh and Jim Kavanagh.

Cover photo (of ship) by Max; (of church arches) by Roy Lawrance.

This text forms part of the Open University course, L140 *En rumbo: a fresh start in Spanish*. The course comprises the following titles:

En rumbo 1: Encuentros and *El tiempo libre*

En rumbo 2: Natural como la vida misma and *Hechos y acontecimientos*

En rumbo 3: Los tiempos cambian and *El arte al alcance de todos*

En rumbo 4: ¡No lo dejes para mañana! and *Los medios de comunicación*